清华五道口
互联网金融丛书

THE RISK OF
INTERNET LENDING
AND BIG DATA

互联网
信贷风险与大数据 第2版

如何开始互联网金融的实践

陈红梅◎著

清华大学出版社
北京

内容简介

本书第一章对目前涌现出来的各类互联网金融创新业务模式进行了介绍,并揭示了创新模式下信贷业务的核心。第二章对风险管理的基本概念与理念进行了介绍。第三章至第五章围绕着风险管理的贷前、贷中、贷后具体展开,全流程地描述了互联网信贷风险管理的重点,并将大数据的应用融入其中。第六章将风险管理上升至资产组合管理层面,对全面风险管理理念进行了阐释。

本书对互联网信贷风险管理的方法、流程、工具进行了深入细致的解读,并以业务实践为基础,阐述了现阶段大数据在风险管理中的应用场景及大数据应用的未来展望,可供从事互联网信贷业务的专业人员阅读。同时,本书的论述深入浅出,也适合所有对互联网信贷业务管理及大数据应用感兴趣的读者。

本书封面贴有清华大学出版社防伪标签,无标签者不得销售。

版权所有,侵权必究。举报:010-62782989,beiqinquan@tup.tsinghua.edu.cn。

图书在版编目(CIP)数据

  互联网信贷风险与大数据:如何开始互联网金融的实践/陈红梅著. —2版. —北京:清华大学出版社,2019(2022.8重印)
  (清华五道口互联网金融丛书)
  ISBN 978-7-302-51537-1

  Ⅰ.①互… Ⅱ.①陈… Ⅲ.①互联网络-应用-金融 Ⅳ.① F830.49

  中国版本图书馆 CIP 数据核字(2018)第 249844 号

责任编辑: 张 伟
封面设计: 卓义云天
责任校对: 王荣静
责任印制: 宋 林

出版发行: 清华大学出版社
  网 址: http://www.tup.com.cn, http://www.wqbook.com
  地 址: 北京清华大学学研大厦 A 座   **邮 编:** 100084
  社 总 机: 010-83470000   **邮 购:** 010-62786544
  投稿与读者服务: 010-62776969,c-service@tup.tsinghua.edu.cn
  质量反馈: 010-62772015,zhiliang@tup.tsinghua.edu.cn
印 装 者: 三河市东方印刷有限公司
经 销: 全国新华书店
开 本: 148mm×210mm   **印 张:** 7   **字 数:** 162 千字
版 次: 2015 年 8 月第 1 版   2019 年 1 月第 2 版   **印 次:** 2022 年 8 月第 3 次印刷
印 数: 5001~5500
定 价: 59.00 元

产品编号:080438-01

丛书序

从20世纪末开始,以互联网为代表的信息技术呈现快速发展的势头,也带来了人们生产和生活方式的巨大改变。在金融领域,互联网技术和金融业务的结合产生了我们称为"互联网金融"的产品和业务模式。从目前的发展来看,"互联网金融"大致可以划分如下四类:传统金融业务的互联网化、基于互联网平台开展金融业务、全新的互联网金融模式以及金融支持的互联网化。

第一类:传统金融业务的互联网化,包括互联网银行,也叫直营银行(direct banking);互联网券商,也叫在线折扣券商(online discount brokerage);互联网保险。直营银行的主要特点是没有物理营业网点,依靠互联网、电话和ATM等手段提供服务。直营银行发源于欧美,是利率市场化和互联网技术发展的直接结果,目前在美国最为发达。如果从独立法人资格、基本没有营业网点以及在美国联邦存款保险公司投保的标准来看,美国总共有16家直营银行。虽然直营银行发展迅速,但是美国的直营银行无论是存款总额还是资产总额都只占美国银行业的不到5%,总体上还没有对传统银行业造成很大的影响。但是经过二十多年的摸索,直营银行开始显现出清晰的商业模式和迅猛的发展势头。以在纳斯达克上市的直营银行BOFI(Bank of Internet USA)为例。BOFI于2005年上市,股价在2010年前几乎没有太大变化。而从2010年至今，在业绩的带动下，其股价翻了8倍，已拥有一百多家机构投资者，这也从另一方面说明直营银行的商业模式开始得到认可。

在线折扣券商的发展也是以美国为代表的，是在20世纪70年代美国证券交易佣金自由化与互联网技术发展相结合的背景下产生的。在线折扣券商以极低的佣金吸引客户，并在此基础上向客户提供财富管理服务，在混业经营的背景下，美国的不少折扣券商也开展直营银行的业务。例如 Charles Schwab 和 Etrade 都有银行牌照并提供直营银行业务，但是 Charles Schwab 本身也有物理营业网点，而 Etrade 则是相对纯粹的互联网折扣券商。以美国二十多家在线折扣券商的自身情况来看，虽然各自在佣金费率、交易工具、研究支持和客户服务等方面各不相同，但是总体的特点是佣金费率低而且收入呈现多元化趋势，主要体现在佣金收入下降、资产管理收入和直营银行收入上升等。

互联网保险在初期主要是指直营保险（direct insurance），即基于互联网销售车险和其他财险产品的业务模式，在欧美各国均有不同程度的发展。在美国，直营保险的代表为 Progressive 和后来被 Allstate 收购的 Esurance。从全球各国的发展情况来看，目前比较突出的互联网保险的创新模式有检测驾驶习惯的传感器结合里程数的互联网车险创新，基于移动端应用健康数据的互联网健康险创新，以及基于社交网络的互联网保险营销创新。总体上看，互联网保险的商业模式似乎仍在探索之中。

目前在我国，这类互联网金融模式的发展主要还体现为网上银行、证券网上交易以及保险产品的网络和电话销售，众安保险作为第一家互联网保险公司以及深圳前海微众银行作为第一家互联网民营银行开始了积极探索。

第二类：基于互联网平台开展金融业务。这里的互联网平台包括但不限于电子商务平台和互联网第三方支付。这类互联网金融模式主要表现为在网络平台上销售金融产品,以及基于平台上的客户信息和大数据面向网上商户开展的小贷和面向个人开展的消费金融业务。前者的典型代表包括早期的贝宝(Paypal)货币市场基金和近期发展迅猛的余额宝,也包括众多金融机构在淘宝上开设的网店以及专门销售基金等金融产品的第三方网站和手机应用。后者的典型代表包括阿里小贷和京东白条,以及美国的 Kabbage 和 Zestfinance。需要指出的是:阿里小贷和京东白条都是基于自己平台的客户开展业务,而 Kabbage 则是完全基于第三方平台的客户信息和全网络数据对网商进行放贷,Zestfinance 更是利用大数据开展金融业务的典范。该公司采用机器学习的方法和复杂的统计手段对大数据进行分析,专门面向美国不能享受银行服务的人群(unbanked and underbanked)提供贷款业务。应该说,大数据的发展以及其在信用风险模型上的应用,使银行和非银行的贷款业务进入了一个"技术含量较高"的阶段。难怪著名的问答网站 Quora 上有句著名的评论:未来的银行只是有银行牌照的技术公司!

从目前的发展情况来看,上述两类互联网金融模式只是现有金融业务的补充,说颠覆还为时尚早。互联网银行规模尚小,互联网券商仅仅是提高了获客和交易的效率。阿里小贷和 Kabbage 主要面向小微企业,Zestfinance 主要面向传统金融没有覆盖的个人等,做的也都是传统银行不做的业务,还不至于很快动摇传统金融的根基。

第三类:全新的互联网金融模式,主要是指 P2P 网络贷款和众筹融资。在美国,P2P 网络贷款的先锋是分别于 2006 年和 2007 年成立的 Prosper 和 Lending Club。这两个网络贷款平台开启了基于互联网的、个人对个人的金融交易时代。这种去中心化的小额借贷平台一推出就受到了普通民众的广泛欢迎。在与美国证券交易委员会进行了深入的沟通之后，用来作为交易载体的本票最终被认定为证券，因此确定了美国证券交易委员会作为 P2P 主要监管机构的地位。这样一来，P2P 平台就必须在美国证券交易委员会注册并必须如同发行股票一样进行严格的信息披露。可以说，注册和信息披露构成了美国 P2P 行业的进入壁垒。这个进入壁垒，连同完善的个人信用体系，以及完备的证券、借贷和消费者保护方面的法律，构成了保障 P2P 健康发展的三驾马车。Prosper 和 Lending Club 目前都发展顺利，其中 Lending Club 的累积总交易额已经超过了 60 亿美元并成功上市。

在美国，既有 Lending Club 和 Prosper 这样的综合型 P2P 平台，也有 Sofi 这样专门服务于高校学生而投资人限定于合格投资者的所谓垂直型的 P2P 平台。当然我们也看到综合型平台也开始在借款端引入中小企业，而在投资端引入越来越多的机构投资者。从我们在 2014 年夏天对美国互联网金融的考察来看，P2P 网络借贷并没有在美国经济生活中引起很大的波澜，很多人包括华尔街的从业人员甚至都没有听说过 Lending Club，这可能是因为美国已经形成了多层次的资本市场和高度发达的金融服务体系。随着 P2P 在欧美地区和其他各国逐渐发展，在中国也已经形成燎原之势，目前有接近 2000 家 P2P 平台投入运营。P2P 在我国的迅猛发展，和我国金融环境一直以来的高度管制以及民间金融的规模巨大是分不开的。 与此同时，监管机构也在积极制定法规以防范风险的发生和扩大。但是由于国内还没有建成完善的个人征信体系，P2P 平台面向个人借贷的服务会遇到很大的瓶颈，而那些面向特定资产的、对投资者资格也有所限定的细分市场的 P2P 平台倒是有可能脱颖而出，成为初期发展阶段的赢家。

众筹融资的英文是 crowdfunding，是指基于互联网面向公众为产品特别是创意产品进行融资的平台。众筹模式最早出现在美国，代表平台为 Kickstarter 和 Indiegogo。众筹融资的方式包括债权、股权、捐赠和预购。其中，债权融资可以通过 P2P 平台进行，股权融资由于受限于美国证券法对于公开募集和人数的规定也很少进行。因此，除了有少量的捐赠融资之外，目前众筹融资的主要方式还是产品的预购。目前，全球已经出现了数百个众筹平台，大部分集中在欧美国家。在这些众筹平台中，Kickstarter 一枝独秀，已完成的累积融资额超过了 15 亿美元。

众筹模式的相应监管又是怎样的呢？2008 年金融危机之后，美国政府一直在努力寻找走出危机的途径，其中的重点之一就是为中小企业融资提供更加宽松的环境和条件。众筹平台就是在这样的背景下出现的，并很快引起了国会和监管层的关注。在经过了一系列的努力之后，奥巴马政府在 2012 年 4 月颁布了《创业企业融资法案》(Jumpstart Our Small Business Act, JOBS ACT)。该法案第三章专为众筹制定，修改了证券法，使得通过互联网面向公众的股权融资成为可能。因此我们可以看出：美国对 P2P 的监管完全采用了现有的法律，而对众筹的监管则是制定了新法。这反映了金融监管的原则性和灵活性，值得我们借鉴。

我国在 2011 年开始出现了第一批众筹网站，到目前已发展到了几十家，但是总体形势可以说是不温不火，主要是因为股权众筹的运作模式与《中华人民共和国证券法》也有冲突。更重要的是，初创企业的高风险特征与我国普通投资者低水平金融普及教育程度、风险认知程度以及较低的风险承受能力从根本上是错配的，因此我国股权型众筹的出路在于建立合格投资者制度和投资者进入门槛。而对于预售型众筹，大众的接受可能也需要一个过程，这和我国的创意产业不发达、信用体系不完善以及知识产权保护不到位都有关系。一些众筹平台开始推出基于"粉丝经济"的众筹项目，或许是个好的尝试，同时类似于P2P，那些针对界定清晰的创意产品细分市场的预售型众筹平台有可能率先成长起来。

国内的P2P和众筹平台出现得都不算晚。P2P的代表平台有2007年创办的拍拍贷和之后的人人贷，众筹的代表平台有2011年创办的点名时间和之后的天使汇和众筹网等。但是，由于国内信用体系的不健全以及监管未及时到位，P2P平台出现了诈骗、破产等风控缺位和运营不善所带来的诸多风险。因此，信用体系的建设和监管的及时到位已经成为我国P2P网络贷款发展的当务之急。不同于P2P，在我国众筹还处于非常早期的发展阶段，众筹平台的发展和监管还在摸索之中。令人欣慰的是，中国证券业协会于2014年12月发布了《私募股权众筹融资管理办法（试行）》的征求意见稿，在互联网金融监管方面迈出了可喜的一步。但是不管是P2P还是众筹，在我国要达到成熟运行的阶段都还有很长的路要走。

第四类：金融支持的互联网化。前三类互联网金融模式在本质上都属于金融业务，也都需要监管。而第四类互联网金融模式不属于金融业务，它起到了为金融业务提供"支持"的功能，包括但不限于：金融业务和产品的搜索，比如美国的Bankrate和我国的融360；家庭理财服务，比如美国的Mint、Personal Capital和我国的挖财网；理财教育服务，比如美国的Learnvest、DailyWorth和我国的家财网；金融社交平台，比如美国的eToro、Seekingalpha等。这些网络平台虽然不提供金融服务，但是却能够大大提升人们对于金融产品和业务的认知，从而提高金融体系的运营效率，也是互联网金融的重要组成部分。

互联网改变了我们认识世界和变革世界的方式。在改变了传媒、商业等诸多领域之后，互联网也正在深刻地改变着金融业。在变革来临之际，顽固不化和狂妄自大都是不可取的。面向不可预知的未来，我们应该满怀敬畏。在这样一个变革的时期，观察、学习和思考变得非常必要也非常重要，基于这样一个理念，我们策划出版了"清华五道口互联网金融丛书"，这个工作由基于清华大学五道口金融学院建设的清华大学国家金融研究院下属的两家研究机构，亦即互联网金融实验室和阳光互联网金融创新研究中心共同承担。

让我们共同关注与推动互联网金融在中国的发展！

廖　理

序 言

近几年，互联网技术快速发展，逐渐改变着社会大众的思维方式与生活方式，并已开始决定很多行业的兴衰。随着技术水平不断提高，数据的存储、传输、交互、分析方式等也在不断变革，大数据在越来越广泛的行业和场景中得到了应用。

金融，这个古老而又崭新的行业，更是紧紧抓住互联网和大数据的脉搏，造就了"互联网金融"这一崭新业态。互联网金融充当信用中介，提供支付工具，也涵盖了财富管理、金融信息服务等其他领域。互联网金融在服务长尾客群、强调客户个性需求、高效便捷方面有先天优势，因此互联网金融首先在个人信贷领域大展拳脚。个人对个人（P2P）的直接资金撮合、大众理财需求、个人征信业务等，这些都是互联网金融最先渗透与发展的领域。而信贷的核心，仍然是如何高效地解决信息不对称问题，进行有效的风险管理。

在剖析业务模式的基础上，本书回归金融的本质，以大数据在互联网信贷领域的应用为例，以风险管理为核心，尝试以新的视角与方法来解析大数据在互联网金融领域的应用，并探讨风险管理面临的新问题。针对大数据数据量之大、形态之多样、更新速度之快，如何能够切实地将大数据在金融领域中应用是一个现实问题。究竟如何使大数据在金融领域中得到充分应用，行业内仍处于不断探索的阶段，没有成熟的方法论，但在局部领域却有一些成功的案例可寻。本书尝试将这些线索逐一串起，摸索将大数据、移动互联技术应用实践与互联网信贷业务管理的巧妙结合点，并通过二者的融会贯通，为读者呈现出大数据在互联网信贷领域应用的整体面貌。

本书对互联网与金融深入融合趋势下的个人信贷业务模式变化情况加以分析和解读，借鉴多年以来金融实践过程中总结出的智慧结晶，肯定传统金融管理方法在部分场景及部分业务中的有效性；并正视在创新过程中可能出现的新问题与新挑战。例如，在现场管理缺失的情况下，如何实现准确且高效的远程风险评估等。

这不是一本工具书，因此并没有烦琐的数据分析模型和流程套路，而是深入浅出地勾勒出风险管理的可行路径。本书作者以其丰富的传统银行和互联网金融领域的实践经验，描述互联网技术与大数据是如何渗入互联网信贷业务流程的各个环节中的，真实生动地描述了现实图景与实践方向。因此，本书很适合行业从业人员一读，比照自身业务模式，获取一些灵感火花；同样也适合对互联网金融、大数据有兴趣的读者，通过本书了解互联网信贷领域的创新业务模式。希望每位读者都能从本书所介绍的风险管理与大数据应用的知识中受益。

廖　理

第2版前言

本书自成书以来，有幸得到了众多读者的关注，也有很多金融行业业内人士与笔者就本书的内容及其行业实践的具体情况进行了许多深入沟通，对本书内容的丰富与更新起到了很大帮助。非常高兴本书即将发行第2版，此时，笔者想借此机会对新的市场形势下金融行业的风险管理的可行路径做出一定的分析与展望。

自本书第1版出版以来，国内金融行业的面貌出现了巨大变化。金融产品与服务的内容出现了丰富与快速的变迁，不同市场经营主体分工与融合的态势不断变化，行业监管政策也日趋严谨，上述变化都对国内金融行业市场格局与市场面貌带来深刻影响。从互联网金融到金融科技，无论概念如何变化，但"金融"这一核心却是万变不离其宗的。在波澜起伏的变化过程中，市场参与的各方对金融风险有了更多的敬畏之心，对大数据与创新技术的认识也早已脱离了单纯的噱头炒作，而成为了实实在在的落地应用。

互联网金融从最开始的触客渠道的创新，到后期金融产品形态的创新，再到为客定制、"千人千面"的金融服务，大数据在产品设计、客户画像、风险识别、风险评估方面的应用越来越深入，而金融科技的赋能更是使现代金融服务进入以技术手段驱动金融产品创新、金融风控创新的新纪元。

在当前阶段，金融风险管理呈现出以下新的特征与趋势。

第一，风险管理与金融产品不可分割。伴随着金融业务的线上化、移动化，金融风险管理的过程早已不再是割裂的中台业务流程，而是需要前延至金融产品设计的全流程中，数据采集与风险管理的手段也是前置于产品与服务最前端的，从客户触达开始即是风控过程的开始。

第二，以大数据和人工智能为代表的金融科技成果的应用，深度融入金融业务之中，发挥着越来越重要的作用。从用户洞察、精准营销，到反欺诈识别和信用风险管理，再到与客户的持续交互，基于大数据和人工智能技术的各类应用已广泛应用于业务的各个环节。生物识别、自然语言处理、深度学习算法、语音机器人、知识图谱、云计算等技术已经在金融反欺诈、风险评估、风险管理运营的过程中充分体现出其优势。

第三，创新技术快速得到应用。大数据和金融科技与业务风险管理不断深度融合的趋势仍在不断加强，从技术到应用的效率大大提高，从尝试到广泛应用的时间也在不断缩短，某一细分领域内的大数据及金融科技方面的技术突破，都可能引发金融业务面貌的快速更新。

在上述发展趋势下，金融机构在自身业务经营与风险管理的过程中，一方面不能摒弃大数据和金融科技手段的运用，另一方面也不能盲从跟风。建议对如下问题进行充分思考，找到属于自己的现实解决路径。

第一，大数据本身并不等于大数据风控，要使大数据在风险管理中发挥作用，如何能够正确使用大数据才是关键。这就需要金融机构在大数据采集、数据处理、存储技术、数据分析与挖掘、数据算法以及数据可视化等方面寻求切合业务实际的解决方案，兼顾效果与效率、投入与产出。

第二，金融机构需要对大数据及金融科技的发展所带来的新型风险保持警惕与敬畏，避免为了通过技术手段解决风险问题，反而引入了新的风险。要清晰认识到尽管创新技术的发展能够为很多传统管理模式下难以克服的难题找到答案，但并不能完全消灭金融业务的固有风险，在创新技术层出不穷的今天，金融业务经营所面临的风险不是变小了，而是风险水平提高了、风险维度增多了。

第三，大数据应用的合规性问题需要引起充分重视，在大数据采集、存储、处理的过程中，更加需要技术创新的不断加持。在平衡隐私保护和数据应用的过程中，需要考虑采用新的技术手段，保证大数据不被非法采集和使用。比如，利用区块链技术的去中心化设计解决数据平权问题。又如，依托云计算和技术平台化的解决方案，改变现有的大数据应用模式，真正从"卖数据"过渡到"卖科技"。

大数据与金融科技手段本身是中性的,在应用的过程中,金融机构需要时刻围绕着如何解决自身实际业务问题、如何提升风险管理能力与效率,考虑恰当的解决方案,才是可行的出路。

陈红梅

2018年8月

目 录

第一章
个人信贷业务创新模式

第一节 互联网金融来了
一、第 I 阶段：信息发布平台 // 004
二、第 II 阶段：传统金融业务延伸 // 004
三、第 III 阶段：跳出传统金融圈 // 005
四、新阶段：从需求到体验 // 008

第二节 个人信贷业务的发展与创新
一、小额贷款公司 // 010
二、消费金融公司 // 011
三、网络银行 // 012
四、互联网企业的信贷服务 // 013
五、支付企业的信贷服务 // 014
六、新型网络融资模式 // 016

第三节 创新业务模式下的再认识
一、盈利之谜 // 021
二、风险管理 // 022
三、关键风险点 // 024

第四节　风险管理是创新持续之本

一、小额分散、规模经营 // 027
二、风险管理能力与效率并重 // 029
三、重点防控欺诈风险 // 030
四、适度的风险容忍度 // 030
五、存量客户的风险管理 // 032

第五节　大数据——风险管理起跳板

一、欺诈监测 // 035
二、信用风险评估 // 035
三、风险预警 // 036
四、逾期客户管理 // 037
五、征信服务 // 038

第二章
风险管理概述

第一节　理解风险

一、什么是风险 // 041
二、风险的类型 // 043

第二节 风险管理的概念

一、风险的内涵 // 047

二、风险的衡量与管理手段 // 047

三、风险的闭环管理 // 049

第三节 风险管理战略

一、风险管理战略的概念 // 049

二、风险偏好与容忍度 // 050

第四节 风险管理策略

一、全面风险管理 // 051

二、集中的管理架构 // 054

三、风险分散的原则 // 054

四、计量风险工具 // 055

五、资产组合管理 // 056

第三章

个人信贷申请准入

第一节 信贷工厂

一、信贷工厂的起源 // 061

二、为什么工厂化 // 063

三、服务于审批，不仅仅是审批 // 065

四、标准化与差异化的结合 // 068

五、"互联网"信贷工厂 // 070

第二节 审批自动化车间

第三节 体验式审批

一、实时审批 // 073

二、审批前置 // 076

三、零感知审批 // 077
四、移动审批 // 079

第四节　反欺诈管理

一、个人信贷欺诈风险误读 // 081
二、欺诈类型 // 082
三、申请欺诈的管控 // 083
四、交易欺诈的管控 // 087
五、反欺诈的新问题 // 089
六、反欺诈的新思路 // 091

第五节　客户准入的模型支持

一、申请风险模型 // 097
二、初始额度模型 // 099
三、申请欺诈模型 // 100

第六节　金融征信服务

一、国内征信行业发展历程 // 103
二、国内外征信环境比较 // 104
三、国内征信机构主要类型 // 106
四、国内征信行业发展现状及困境 // 109
五、国内征信市场展望 // 110

第四章
存量客户管理

第一节　生命周期管理

一、客户关系生命周期理论 // 115
二、价值提升过程中的平衡艺术 // 118
三、互联网时代的客户管理 // 122

第二节　存量客户价值提升

一、存量客户管理阶梯 // 124
二、存量客户的价值实现 // 125
三、存量客户经营手段 // 130

第三节　存量客户授信管理

一、"三个平衡" // 134
二、衡量方法 // 135
三、授信管理方式 // 137

第四节　风险预警体系

一、存量风险预警 // 138
二、风险预警体系设计 // 139
三、分级预警机制 // 140
四、"互联网预警" // 141

第五节　存量管理计量模型体系

一、行为风险模型 // 144
二、交易欺诈模型 // 146
三、行为收益模型 // 148
四、行为流失模型 // 149
五、市场响应模型 // 150

第五章
逾期客户管理

第一节　客户逾期的发生与处置

一、逾期客户形成 // 155
二、逾期催收管理 // 158
三、失联客户管理 // 159
四、不良资产处置 // 161
五、逾期信息管理 // 162

第二节　逾期催收计量模型体系

一、账龄滚动率模型 // 164
二、行为模型 // 166
三、失联模型 // 167

第三节　逾期催收管理策略

一、催收管理策略 // 170
二、委外催收公司管理策略 // 175

第六章
全面风险管理

第一节　巴塞尔新资本协议

第二节　全面风险管理

一、风险管理目标 // 182
二、风险管理体系 // 183

第三节　资产组合管理

一、客户细分 // 186
二、评价机制 // 186
三、原因分析 // 190
四、措施设计 // 191
五、监测体系 // 192

第四节　客户末端管理

一、客户引入管理 // 195
二、存量客户管理 // 196
三、逾期客户管理 // 197

第五节 全面风险管理对互联网创新模式的启示

　　一、全面风险管理的理念 // 198
　　二、经济资本约束为风险管理核心 // 198
　　三、计量模型为风险管理基础 // 199
　　四、精益化提高风险管理效益 // 200

第一章
个人信贷业务创新模式

第一节　互联网金融来了

近年来,随着互联网技术的发展与移动终端的普及,互联网渗透到人们生活的方方面面,从网络购物到手机支付,从交水电费到买晚餐食材,都能足不出户,在计算机或手机上一键完成。这些基于互联网技术的各类服务,最开始是零零散散出现在网络平台上的,由于其抓住了用户需求,逐渐变得势不可当,依托网络几乎可以完成任何事。互联网金融也是如此,突然有一天,互联网金融服务出现在网络各处。

那么,究竟什么是互联网金融呢?

对于互联网金融的定义众说纷纭。广义上来讲,依托互联网技术与互联网工具,提供金融相关服务的业务内容,均可纳入互联网金融的范畴。而所谓金融"相关"服务,并不仅仅指涉及资金融通的金融中介业务,而是涵盖了融资服务、信息服务、支付服务等多种业务模式。

实际上互联网金融也不是什么新鲜事物,20世纪末就已经出现,并得到广泛应用。互联网金融到目前为止经过了多个发展阶段,衍生出多种形式,并逐渐对金融环境与传统金融市场带来越来越大的影响。

一、第Ⅰ阶段:信息发布平台

在互联网金融的第一阶段,互联网主要用于金融产品与服务信息发布,并不能将客户获取嵌入互联网平台之中,仅将网络门户作为产品推介和展示的平台。大家最为熟悉的,莫过于各大金融机构所建的官方网站,它们将自己的产品放在网站上进行展示。客户可在网站上查询到金融机构提供的产品与服务,但客户仍须到线下网点进行咨询和购买。

当然,此类功能后期得以扩展,金融机构将信息展示与业务办理结合起来,使用户在网站上看到相关的产品信息时,通过简单地点击和资料填写,即可完成相关金融业务。

二、第Ⅱ阶段:传统金融业务延伸

1995年以后,网上银行开始出现,金融业务逐步上网办理,客户通过互联网即可便捷地办理相关业务。例如,银行开始在网络服务平台上提供诸如账户查询、转账、支付、投资、在线信用报告、在线欺诈保护、在线抵押经纪人等一系列功能与服务。而后,其他传统金融行业也逐步"触网",保险、证券等金融服务也开始建立自己的网上服务平台。

此阶段为"金融互联网化"阶段,即将已有的传统金融业务放在互联网上办理,业务品种和经营模式并未超越传统金融业务范畴。

当然，此阶段的互联网金融仍显示出 1+1>2 的优势。

第一，低成本。金融机构不再需要建立众多物理网点，同时，业务人员从分散在各网点，逐渐向总部中心转移。总部一个客户服务中心可以承接全国各地的业务咨询和客户服务，降低了专业从业人员的数量及相应培训成本。

第二，便捷服务。金融网络服务平台可以为客户提供 7×24 小时全天候且全年无休的高效服务。客户只需一台接入互联网的设备，就可以在任何时间与地点获得金融服务。

第三，高效展业。基于网络的便利性，金融网络服务突破了物理网点模式下在时间与空间上的限制，从广度上拓宽了其占有客户与市场的可能性。同时，利用网络技术，将个人银行账户、保险账户、支付结算、个人贷款等业务更为有机地联系起来，通过集约化的网上经营方式，向客户提供一揽子服务，从而在深度上加强金融机构与客户的黏性。

此外，发达国家在此阶段已经开始出现纯网络银行。网络银行脱离传统具有物理介质的实体银行模式，单纯依赖互联网、电子邮件、电话等方式进行运营。客户不受物理空间和时间的限制，只要能登录网络银行的网站，并拥有网络账号便能享受便捷的服务。

三、第Ⅲ阶段：跳出传统金融圈

互联网金融发展到这一阶段，已经从辅助传统金融机构提供信息服务和实现中介职能，外延到支付、融资服务等方面。

1. 第三方支付

第三方支付也属于互联网金融的一个业务类别。支付业务作为传统银行卡交易过程中产生的一个业务环节，原本诞生于银行体系内。而第三方支付的快速发展，得益于互联网技术的发展及宽带、个人计算机、智能手机、平板电脑的普及。

第三方支付的早期功能是服务于网络购物，主要是为了实现互联网在线支付功能。后来，网络支付又逐步扩展到生活服务领域，如话费充值、信用卡还款、水电费缴纳等方面。因此，网络支付是互联网普及、电子商务兴起的必然产物，它使得用户在网络上的交易活动更加便捷。目前全球最具影响力的网络支付服务商包括 PayPal 和随后进入市场的谷歌（Google Check out）。

另外，移动支付也以多种形式走进人们的视野。移动支付是允许用户使用移动终端对所消费的商品或服务进行账务活动的一种概括。比如，由飞利浦公司和索尼公司共同开发的 NFC（near field communication，近距离无线通信技术）是一种非接触式识别和互联技术，利用它可以在移动设备、消费类电子产品、个人电脑和智能控件工具间进行近距离无线通信。

以 PayPal 移动支付为例，PayPal 为用户提供多样化的移动支付选择。用户可以通过支持 NFC 技术的智能手机，下载安装 PayPal 支付应用，使用手机直接完成支付。用户甚至无须携带手机，而是通过绑定手机号，设定支付密码，在支付时只须输入电话号码和密码就可以从 PayPal 账户完成支付。另外，用户也可以通过专属 PayPal 卡刷卡完成支付。

国内的互联网支付形态多样，包括网银支付、二维码支付、NFC 手机钱包等。作为传统线下收单的支付方式，其主流地位短期内仍旧不可撼动，长期来看仍会保持总量增长趋势。但是，新兴支付方式的比重在不断提高，据相关统计：2013 年，线下收单业务交易规模所占比例为 59.9%，互联网支付占比迅速扩大至

31.2%；特别是移动支付的占比，迅速提升至 7.1%。[1] 2013 年，中国手机支付用户规模达到 1.25 亿户，同比增长了 126%[2]。由此可见，新兴支付方式的扩展速度非常迅猛。

如今，第三方支付已不再仅仅是一个支付通道提供方。第三方支付公司致力于面向行业客户提供更多的解决方案，构建全面的线上、线下电子支付渠道，同时提供资金清算服务。自第三方支付牌照发放以来，第三方支付业务开始延伸到政策监管更严格、专业性要求更高的金融市场，进入基金、保险等理财服务市场。同时，由于第三方支付公司有着显著的数据优势，积累了从线上至线下的大量支付数据，是金融管理的天然信息宝库，因此"支付＋融资"成为一种发展趋势。

2. 网络融资

网络融资是最符合金融本质的业务模式，属于依托互联网技术进行的资金融通撮合交易。

传统银行系统的资金借贷是典型的间接金融模式。其产生的原因是，资金出借方和资金需求方彼此发现并完成交易的成本过高，于是催生了银行这一中介方；由银行分别找寻资金富裕方和资金短缺方，通过吸收存款和发放贷款的行为，达到资金借贷匹配的目标。网络银行也是这种间接金融的模式。在这种资金融通模式下，双方均无须了解资金的具体来龙去脉，仅需面对资金中介方即可。

随着互联网及移动技术的发展，直接匹配资金借贷双方的可能性和效率越来越高，使得原有间接金融业务的土壤受到威胁，诞生出一系列在互联网土壤上生根发芽的直接融资的产品，成为互联网

1　石现升. 中国互联网金融报告（2014）[R].2014.
2　360 互联网安全中心. 中国移动支付安全报告 [R].2014.

金融业务的代表模式之一。例如，P2P融资模式，资金出借方可以明确知晓自己的投资目标对象，根据自己的需求执行透明的投资计划。又如产品众筹模式，缺乏资金的创新产品项目可以通过互联网平台进行发布，吸引最终用户对项目进行直接投资。

互联网通过高效的信息获取、处理与传输过程，快速撮合投融资双方，使得资金盈余者获取收益，资金短缺者获取资金。在互联网技术成熟发展的今天，信息分布、传播和处理方式发生了显著变化，使得信息获取和资金直接融通的成本快速降低，互联网资金撮合成为现实。互联网上资金撮合的载体是多种多样的，可以是债权、股权等；资金撮合两端连接的主体也是灵活的，可以是个人、企业、金融机构等。

四、新阶段：从需求到体验

互联网金融的高阶发展阶段，基于新科技，开始出现各类创新的业务模式。这些创新突破传统业务范畴，建立了全新且高度依赖于互联网和移动技术发展的业务模式。

最具代表性的就是互联网金融生态圈的业态模式。所谓互联网金融生态圈，仍旧是"金融"，依旧有"互联网"要素。差别在于，金融业务具有互联网的内生属性，即开始出现只有基于网络方可实现的金融业务。互联网金融不再仅提供狭义的金融服务，而是成为金融服务及产品相关的各种不同业态的参与者。多项功能和需求交织在一个平台之上，从而产生更大的协同效应，在平台内部可闭环地完成整个服务过程，同时，通过用户的参与，实现动态的自我更新与进化。可见，互联网金融的高阶玩法关键词有三，一是闭环，二是多业态，三是进化。

举个非常简单的例子，你想买个新手机，到某电商平台上一逛，恰逢特惠，于是想赶快入手，但摸摸口袋，发现现金不够。没关系，电商平台已经在订单支付页面为你提供了银行贷款的入口，点击鼠标就可透支一笔款项，收获自己喜欢的商品。这个购物过程如果放在过去，作为买家的你可能会因一时资金不足，只能暂时脱离电商平台，到线下去、到银行去、到亲朋好友处，借一笔款后再回到电商网站上完成购物行为，这当然不是闭环。

因此这一阶段的优势体现在：第一，通过闭环避免客户脱离过程中的转化率损失。在此例中，一旦客户脱离了网商平台，从其他地方获取资金，必然存在着很高的中止购物的可能性。第二，多业态使各方参与者各取所需。除满足了用户的购物需求外，电商也成功地销售了产品，银行也锁定了客户，实现了贷款的发放。也就是说这个闭环内的参与者至少包含了电商、银行、用户三者，这三者目标不同，电商和银行业也分属不同业态，且并非都带着金融标签。第三，进化是指通过数据积累和使用，电商和银行在此过程中，都知晓客户采取何种方式完成此笔交易（行为特征），同时又能够观测并分享客户未来对透支的偿付情况（风险表现），以及其他形式的大数据，为丰富产品、提升服务、自我进化提供了前提条件。

上述几个阶段虽然在发展过程中有递进关系，但存续阶段并非截然分开，在向更高级阶段发展的过程中，较为初级的互联网金融形态仍旧有相应的市场空间，与不同业务模式相互融合。特别是在我国，多个发展阶段的业务模式在短期内会同时出现，在一段时间内市场对于多种业态势必会兼容并蓄。

第二节　个人信贷业务的发展与创新

互联网金融的兴起，除了得益于网络与移动技术的发展，在市场环境方面，国内个人信贷的需求也为互联网金融蓬勃发展提供了土壤。

由于国内金融体系的不完善，使得个人与小企业的信贷需求未能得到充分满足，这是市场环境的现实状况。近年来，随着国内经济转型，金融支持经济结构调整和转型升级拓展了消费的空间，支撑了个人消费信贷和小微企业信贷业务的发展。互联网金融作为一种创新金融服务模式，更多地表现在信用贷款领域，引发了诸多探索和创新，正是顺应这一大环境的结果。

在互联网金融与个人信贷的结合下，国内已经出现几种较为典型的、发展脉络相对清晰的创新业务模式。

一、小额贷款公司

目前，国内银行体系中小微企业的贷款规模比例相对较低，小微企业和个体工商户的融资难问题广泛存在。在政府的鼓励与引导下，多元化的金融主体开始进入市场，发掘灵活创新的贷款方式，以满足不同层次客户的资金需求，小额贷款公司在这种情况下应需而生。

小额贷款公司，顾名思义，只经营小金额贷款业务，其贷款金额的规模决定了其主要服务的客户群主要是个人与中小微企业，而授信主体可以是自然人，也可以是法人。从这方面来讲，小额贷款公司更像是传统银行的部分业务条线，如个人零售贷款与中小微企业贷款，但不能吸收公众存款。

本质上，小额贷款公司与传统银行的差别来自细分市场上的竞争优势。通俗地讲，同样都做个人与小微企业的贷款，小额贷款公司做的是传统银行服务体系内未覆盖或较为边缘化的客户。例如，从银行获取贷款较为困难的、收入相对偏低的受薪客户、个体户、小微企业主。当然，小额贷款公司也不乏经营对贷款服务提出更高要求的客户，如资金需求短平快的小微企业主。小额贷款公司的优势在于更为灵活地满足上述客户群的贷款需求，从以产品出发找客户的模式，转变为从客户出发，塑造认可度更高的产品。

二、消费金融公司

2009年中国银行业监督管理委员会（以下简称银监会）正式发布《消费金融公司试点管理办法》，并在上海、北京、成都和天津四地各批准一家机构进行试点，中银消费金融有限公司、北银消费金融有限公司、四川锦程消费金融有限责任公司、捷信消费金融有限公司四家消费金融公司相继开业。2013年，为贯彻落实国务院《关于金融支持经济结构调整和转型升级的指导意见》的有关要求，银监会将消费金融公司的试点城市范围扩大到16个试点城市。我国消费金融行业在短期内经历了从无到有，从小到大的跨越式发展过程。

这一阶段的国内消费金融公司大体分为两类，销售端口类与传统网络类。前者目标定位于个人耐用消费品贷款及一般消费用途消费贷款，通过经销商完成"POS（point of sale，销售终端）支付+贷款"的过程，将客户管理与风险管理前置到销售环节，以保证交易真实性为风险管理主要抓手。而传统网络类的消费金融公司通常依托于传统银行体系，借助银行资源与直营模式进行客户拓展，风险管理方面也多依赖银行的风险管理模式与体系，再结合消费金融的产品特点加以改造。

三、网络银行

20世纪90年代出现在美国的网络银行通过网络平台，陆续推出转账、支付、实时贷款、信用卡服务、电子邮件提醒、基金投资、在线信用报告、在线抵押经纪人等业务功能。其中，贷款业务作为网络银行服务的一个有机组成部分出现。从某种意义上说，网络申请贷款背后的风险管理过程与客户管理过程没有本质变化，只是为客户提供了网络申请入口，作为线下展业模式的补充。

目前，国内银行等传统金融机构均提供网上银行服务，客户可以在网站上办理多种银行业务。另外，超级网银的产生使得用户可通过一个入口，跨行管理自己的多个银行账户。不过这种综合账户管理还局限于银行体系内，尚不能提供其他非金融账户的管理服务。国内以银行为母体的网络银行多以理财作为切入口，而不依赖物理网点和母体银行，打通存款和贷款的纯网络银行也陆续出现。

考虑互联网企业背景，民营银行中出现纯网络银行的可能性更高。在目前国内金融市场环境下，纯网络银行如何有效吸纳存款、引入和维护高质量的贷款客户群是一个首先要给予回答的问题。

从国外网络银行发展路径来看，其受众群体通常是一个细分的客群。例如，互联网银行初期首先被较高收入客户群接受和使用，这群客户一般有较高的知识水平，容易接受新事物，较乐意尝试使用网上银行提供的各类服务，包括股票买卖、网上存放款、网上财务顾问等。因此，这也从另外一个角度说明，网络银行暂不会全面接管或满足传统银行的客户。

从国内地域资源不平衡的角度来看，网络银行是否能在区域服务方面有所胜出呢？从网络购物发展的情况来看，网购所提供的丰富商品及价格优势刺激了相对偏远地区，带来了新增消费。那么，未来金融商品上网，是否也会给交通不便、金融基础设施相对落后的地区带来新的刺激，满足这部分客户群的需求呢？如果与网购呈同一发展趋势，网络银行在县域地区得到更为大量的客户群，那么从某种意义上来说，也并非与传统银行争抢了客源，而是拓展了金融服务新的市场疆土。

四、互联网企业的信贷服务

互联网企业依靠强大的互联网技术与客户基础，为其进入信贷市场提供了基础。例如，Google 公司于 2012 年 10 月 8 日在英国推出了 AdWords Business Credit（商业信用服务业务）。这项针对中小型企业的贷款服务旨在帮助这些企业购买搜索广告。这是 Google 公司首次进入信贷领域。Google 公司为客户提供每月 10 万元到 20 万元不等的 AdWords 广告信贷额度，其初始利率远低于普通中小企业贷款利率。这一服务率先在英国推出，随后又推广至美国市场。

国内的互联网企业进入金融领域早已不是新鲜事，尤其是电商平台更有优势。电商平台利用其积累起来的商户或购物会员的交易、支付等信息，为他们提供纯信用的贷款产品。互联网企业提供贷款服务的初衷，通常是企业为了促进自身主营业务的发展，向其自有会员提供增值服务，是原有业务体系的延伸。这类融资服务的发展模式大体分为合作与自营两类。合作贷款模式下，互联网企业和金融机构合作，由金融机构来承担贷款审核、资金发放和贷后管理的一系列职能。自营模式下，互联网企业通常会申请相应的金融牌照，由自有的贷款经营企业提供贷款服务，自行进行信息整合和风险管理，这样就在企业内部形成了闭环的金融生态圈。

如果说网络银行是银行业务互联网化的标志，互联网企业贷款业务则是互联网企业服务向金融领域延伸的表现。同时，受益于监管机构对金融创新的引导、支持及个人信贷市场的发展，逐渐诞生了各类新型的个人信贷企业与个人信贷模式。它们的共同特征是，通过业务模式的创新，更为便捷地满足个人客户短期、小额、无担保、无抵押的贷款需求。各类创新业务模式与传统个人信贷业务模式并不冲突，也不会是颠覆与被颠覆的关系，而是互为补充地为不同的细分领域、细分客户群提供更有针对性的金融服务。

五、支付企业的信贷服务

随着支付的发展，网络支付业务开始从相对独立的业务分支向综合金融服务和数据服务纵深发展。通过多年客户量的积累和相关大数据的收集，第三方支付企业已经将业务拓展至风险管理、财务管理等相关领域，提供数据服务及咨询服务，进而搭建了个人信贷的获客通道，提供贷款增值服务，如POS贷款、供应链融资等。

目前，支付企业向贷款服务的延伸主要采取两种不同模式，一种是开放模式，以自身支付结算账户的海量用户和数据资源，构建贷款服务场景；另一种是封闭模式，在企业内部总揽信息流、资金流、物流数据，将信贷作为增值服务内容。

对于开放模式，支付企业通常采取与现有金融机构合作的方式进入到金融贷款领域。支付企业拥有巨大基数的用户，同时积累了相当多的支付数据，而金融机构具有专业的风险管理经验和较为成型的贷款产品与服务体系，二者互相融合，利用各自优势，为支付平台的用户提供贷款服务。具体到贷款服务的提供方式，又可分为流程嵌入式和数据筛选式两类。前者可通过线下收单环节，直接将贷款服务嵌入支付流程之中，如在商场 POS 机具上直接刷卡就可获得银行分期服务的功能，就是贷款嵌入支付流程的典型案例；后者则是依托对用户资金流转情况的数据分析，筛选符合金融机构贷款准入规则的客户，如对个人客户消费情况或企业资金收付情况进行分析，选择优质客户，将其纳入金融机构服务体系中来。

以开放模式进入信贷市场的支付企业，依靠的就是积累的大量客户资源和支付行为信息。支付企业所拥有的数据规模可能远超过单家银行的自有银行卡支付数据，且对于特定企业资金收付的数据集中程度很高，对单一企业的资金流转情况反映较为完整，这也是支付企业和金融机构合作的优势。因此，为了巩固这种优势，支付企业涉足更为多元的支付场景，在满足客户多场景支付体验的同时，也获取更多的客户资源及相关支付信息，如手机移动支付、NFC（near field communication，近距离无线通信技术）支付、APP（application，应用程序）支付、指纹支付等多种新兴支付方式层出不穷。

对于封闭模式，支付企业多是希望独揽资金流、信息流和物流，从而打造"三流合一"的闭环互联网生态系统。走闭环自营路线的支付企业，很多是从其他行业或领域跨界而来的，凭借着自身在原有领域的明显优势,进入支付行业,将支付作为战略性资产,从一开始走的就是自营金融服务路线。平台战略是支付企业的法宝,金融信贷服务是为了黏合客户提供多重价值。闭环的优势不言自明,"三流合一"打造了一个高效率、低成本的内部信用体系,也为风险管理能力的提升提供了信息基础。但闭环运营也存在一定的问题,一是跨领域、跨业态的经营对于企业来说是一个挑战,专业人才、资金等资源可能成为"瓶颈"。二是相关领域的业务运行要同样良好,若出现短板,则会造成全而不专、全而不强的情况。特别是对于从其他领域跨界进入支付行业的公司,能够打造聚集大量用户的支付平台也是非常重要的一环。同样,支付企业也在创新上做文章,除了支付手段的不断翻新,"社交+支付""LBS(基于位置服务)+支付""搜索+支付"等创新支付场景也开始逐渐在市场中崭露头角。

六、新型网络融资模式

在美国兴起的众筹(crowd-funding)模式,绕开传统金融中介而直接融资,通过互联网集合大众的力量,帮助个人、小微企业和创业人士实现筹资目标。商业众筹模式大致可分为债权众筹、股权众筹和产品众筹三大类。另外,公益众筹属于通过互联网渠道募捐筹款,未列入其中。

1. 债权众筹模式

债权众筹模式,即出资人将资金直接对接给借款人的信贷模式,出资人以其所提供资金的份额获取相应的债权比例。区别于传统银行体系的间接金融市场,债权众筹在形式上体现出资金直接融通的特征。比如,P2P就是典型的债权众筹模式。其出资人和借款人双方均为个人,是债权众筹的一个重要分支。国外较为著名的网络借贷平台包括美国的 Lending Club、英国的 Zopa、日本的 Aqush 等。债权众筹模式跳过银行中介,强调客户之间的互助合作,完成借贷双方之间在特定利率下的任何数额的借贷行为,致力于打造一种互惠双赢的金融服务运作框架。

债权众筹模式定位于资金撮合的信息中介地位,通过便捷、透明的网上服务,为个人及机构投资者提供资金融通的渠道。这一模式的核心能力在于风险评估与风险定价能力。在较为完善的征信环境和监管体系下,通过专业的风险评估和定价,以及便捷透明的网络平台,使个人和小企业可以获得相对低廉的小额贷款。但其本身的定位仍是资金撮合的信息中间商,贷款产生的违约风险、提前还款和再投资风险,都由投资者自行承担。

以美国 Lending Club 网络借贷平台为例,它提供了便捷的网络操作方式,借款人和投资者的所有活动都在线上完成。通过便捷的网站设置与服务体验,使得投资者能够像在电商平台进行购物的过程一样,轻松投资贷款项目,资金的划转则交给平台及其合作的银行完成。同时,信息的透明化使投资者可以看到每一笔贷款的全部重要信息。另外,网站也会定期向监管机构与公众披露运营报告,对网站目前的贷款质量相关数据进行公开披露。

P2P 债权众筹模式从 2007 年开始进入中国,一开始并不为公众所熟悉。但从 2013 年以后,互联网金融概念爆发,P2P 债权众筹平台几乎以每天成立一家的速度增长。根据有关方面的统计,截至 2014 年 8 月末运营的网贷平台约 1 357 家,行业贷款余额达到 580.9 亿元。从表象来看,国内的 P2P 继承了国外 P2P 的网络平台运作、透明化、撮合交易的基本特征。但是,国内 P2P 的运作模式与国外 P2P 的初始模式还是存在一定的差别,尤其是在平台定位、客户群体、盈利模式等方面具有突出差异。

在平台方面，国内的 P2P 除了承担信息中介的职责外，多数存在显性或隐性担保的功能。例如，有的平台引入担保公司，或是收取一定风险备付金，一旦借款人发生违约，担保公司或平台会抵补投资人的本金及利息损失。由于国内的投资环境尚不健全，民众对于投资风险认识尚不清晰，对于各类理财品种均有着刚性兑付的预期；另外，由于行业发展时间较短，信息的透明程度和信息披露的有效程度还有待提高。在这种情况下，达到去担保模式，在国内可能还需要一定的时间。

在客户群方面，国内 P2P 平台多定位于在银行获取贷款有难度的客户，或是需要资金短期周转的客户，主要为没有融资渠道的客户开辟新的融资途径。目前，业务发展还受制于国内信用体系不完善，征信系统不开放，对客户的信用情况尚无法较为统一、全面地进行评价。各家 P2P 机构根据自己的风险管理经验进行客户准入的审核，客户资质参差不齐，一旦市场环境出现波动，个别 P2P 平台可能出现局部的集中性风险爆发。

在定价方面，对于成熟的多层次的资本市场，并辅以完善的信用环境，借款人信用情况能够得到较为准确的评估，并且有可能从其他渠道获得贷款支持。借款人从 P2P 平台获得贷款的成本不会明显高于从其他渠道获取贷款的成本，有可能会更低。国内 P2P 平台面临的问题是，在贷款端，由于信用识别能力不足，风险成本无法有效地降低；而在理财端，平台多采取较高收益吸引出资人，资金成本也比较高。因此，平台需要对借款人收取较高的费用，来覆盖风险成本和资金成本。

2. 股权众筹模式

股权众筹模式，与债权众筹模式相比，差别主要在于出资方对接资金后，得到的并非债权，而是相应份额的股权，属于股权投资的一种模式。因此，股权众筹的借款一方通常是企业，而非个人。

根据所投资企业是否已经运营来划分，股权众筹有针对创业者的股权投资模式和针对业已运营的初创公司股权投资模式。创业公司股权众筹通常采取直接股权投资方式，筹资人发起融资需求后，投资者通过众筹平台投入资金，并与其他共同投资者就该项目成立一个新的商业主体，每个投资者都成为持有一定份额股权的原始股东，是一个用资金换股权的直接过程。新的公司是否能够成立，在某种程度上需要依靠其在众筹平台的筹资表现，众筹项目筹资过程的失败可能直接导致资金缺乏，公司无法成立。而针对已经成立运营的初创型公司，其股权众筹行为受到《中华人民共和国公司法》（以下简称《公司法》）的严格监管，因此多采取"线上＋线下"两段式的操作模式，即在互联网上达成投资意向，在线下按照《公司法》规定进行股权投资操作，通常以增资扩股的方式实现投资。股权投资在国内运营较好的平台有"天使汇"、"大家投"等，数目不多。目前中国证券监督管理委员会（以下简称证监会）对股权众筹已确定监管方向。

3. 产品众筹模式

产品众筹模式多样，是发起人通过众筹平台，向公众展示创意及投资项目，从而募集资金的方式。有想法、有创意但缺乏资金的发起人，可以通过互联网平台，快速传播信息，吸引投资人，聚集资金，最终将项目实施落地。当然项目成功后要相应地回馈投资人，回馈的方式通常为免费或低价提供创意项目所产出的产品或服务，这也是产品众筹得名的原因。该类众筹最早发源于美国，2009 年 Kickstarter 网站成立，该网站致力于让每一个普通人都能通过网络平台向大众筹集实现某项创意所需要的资金。国内首家类似的众筹网站"点名时间"于2011年正式上线。

产品众筹模式下，出资人通过资金投入，用于支持产品的开发或销售过程，期望未来可享受到相应的实物产品或服务回报。在这种众筹模式下，出资人投入的资金有点类同于商品预付款，对于出资人来说可以抢先试用、优先获取创意产品，或以更为低廉的价格获得产品和服务，这是吸引出资人的地方。而这种众筹模式对企业的吸引力不仅在于解决了创意阶段或初创阶段的资金问题，更是为企业的新产品提供了一个实验平台，让更多的客户直接关注并评价这个产品，让公司能提前了解客户需求，而先购买后生产的形式会最大程度地降低企业风险。整个众筹运作过程，也是宣传自身、聚拢人气的过程，项目是否有创意、是否吸引眼球，在众筹阶段就能够见到明显差异。"点名时间"众筹网站在2014年8月宣布转型为限时预售平台，专注于打造智能硬件的首发预购平台，正是看中了产品众筹的运作模式对于创意企业和投资者来说的双赢特点。

从风险评估的角度来看，对于债权众筹模式，如借款人是个人，风险评价的出发点是个人的信用风险水平，即借款人是否有意愿、有能力偿还债务是风险评估的根本要素。而对于公司运营、项目运作的筹资需求，无论是债权众筹还是股权众筹，投资评价时都需要衡量企业或项目的商业价值与可能的投资回报，而该企业或项目的运营能否成功以及投产后获取现金流能力，将会是出资方能够获得投资回报的关键。在产品众筹领域，众筹的低门槛使得出资方并不一定都是专业的投资客，更多的是互联网上的普通人群，因此项目评价上可以不设置过多具体的理性衡量标准，只要你喜欢这个创意，就可以投入一些资金，小额资金的积少成多就能支持项目成功启动。

第三节　创新业务模式下的再认识

在互联网及大数据背景下，涌现出各类个人信贷创新业务模式。这些模式的底层仍然是金融，逃脱不了金融的本质，即风险管理。因此在各种创新业务模式如火如荼发展的同时，无论是社会公众还是监管机构无疑更为关注：这些创新模式是否具有更高风险？运营过程中能否有效管理风险？

一、盈利之谜

金融领域的创新，其根本出发点都是要在市场竞争的浪潮中觅得一席之地，企业经营的终极目标不可避免地是持续盈利的能力。作为金融机构，其收入构成主要有如下几个来源：一是体现资金的时间价值的收入，即利息；二是体现专业服务价值的收入，即服务费；三是对客户违约的惩罚性收入。

目前市场上的各类金融机构，其盈利模式可粗分为两大类型。其一，靠资金价值赚钱；其二，靠服务和品牌赚钱。前者最为典型的例子就是传统银行。长期以来，国内的资金高度集中于银行体系内，有资金需求的个体通过银行获得支持，而银行扮演资金掮客的角色，低吸高贷，通过利差实现收入。随着政府对金融改革的深化推进，金融市场活跃性不断提高，金融市场主体多元化，越来越多的金融机构开始依靠服务赢得市场空间，这些金融机构通常采取创新业务模式，为更为广阔的客户群体提供更为便捷及差异化的金融产品与服务。其盈利能力来源于两个维度，一是服务于原有金融体系服务不到的客户群体，拓展服务广度；二是通过产品、技术、流程创新，为客户提供更符合其要求的产品和服务，打造同类竞争优势。可以说，当下层出不穷的各类创新业务模式，尝试打破原有银行体系对资金的垄断，走上以产品与服务为中心的发展道路。

而无论传统还是创新型金融机构，其成本构成仍是类似的，主要体现在资金成本、运营成本及风险成本三大方面。在同一细分行业领域中，不同个体金融机构所面对的资金成本和运营成本虽然也有差异性，但一家金融机构的持续性盈利能力的高低，主要来自风险成本的差异。风险管理能力的高低，不但决定了金融机构在市场竞争中能否处于可持续发展的良性循环，更决定了机构是否会在市场周期中突然死亡。简单地说，风险管理首先决定的是金融企业生死的问题，更是影响金融机构盈利能力的重要因素。不得不说，风险管理是金融机构的核心竞争力。

二、风险管理

无论业务模式、产品、服务如何推陈出新，创新金融模式的内核仍旧是金融。金融的核心价值在于资金融通，资金的互通有无是建立在信用的基础之上，而信用的识别与评估则是风险管理的基础工作。

信息不对称是导致信用评估失效的核心因素。可以说，风险管理要解决的问题即信息不对称问题。特别是在个人信贷领域，面对着数量巨大的借款客户，信息搜集的成本非常之高，金融机构难以用传统方法降低自身风险。各类金融创新的出发点之一，是要通过各种创新模式，更好地解决信息不对称问题，并提升解决信息不对称问题的效率，通过纷繁复杂的表象，找到确认借款人偿付能力与偿付意愿最有效的信息和方式，有效衡量借款人的信用水平。而我们对于大数据的期待，也是希望能够通过网络数据、移动通信技术、云计算、搜索引擎技术，整合新型的数据通道，挖掘出有价值的客户信息实现效率地管理风险。风险管理创新成为创新业务模式的内核，经营模式、产品和服务的外在表现仅是创新的具体实现方式，风险管理创新才是创新业务模式的内在支持。

说到信息不对称，其理论源于经济学领域，是指在市场经济活动中，各方人员对有关信息的了解是有差异的，信息优势方在市场活动中处于有利地位，而信息匮乏的一方则处于不利地位。该理论确定了信息在市场经济中具有较高价值，打破了传统经济理论中关于"经济人具有完备信息"的假设，并推动了行为经济学的诞生。

信息不对称在金融贷款领域突出表现在，借款一方对自身的财务状况、还款能力及还款意愿有着较为全面的掌握，而金融机构不能全面获知借款方的风险水平，或在相关信息的掌握上具有明显的滞后性。这种信息劣势，使得金融机构在贷款过程中可能由于风险评估与实际情况的偏离，产生资金损失，直接影响金融机构的利润水平。而金融机构为了转移或抵补未来可能发生的损失，可能会采取要求借款人提供抵押、担保、联保、保险等手段，进行风险缓释；甚至为了规避信息不对称所带来的问题，直接拒绝与较难获取信息的客户类型进行信贷往来。这也是国内传统银行对小微企业贷款支持力度较为有限的原因之一。由于缺乏有效的信用鉴别手段，金融机构通常采取较为严格的准入策略，同时也催生了大量的"不认信用、认抵押"的经营模式。金融市场交易成本过高，且效率低下，金融资源配置过于集中在大中型企业身上,众多个人借款客户与小微企业被排除在信贷市场之外。

三、关键风险点

个人信贷创新模式以黑马姿态闯入市场,但这些创新业务模式是否能够持续下去,寻找关键风险点,解决信息不对称仍是风险管理之根本。

1. 千人千面

不断涌现出的创新个人信贷业务模式,多愿与互联网扯上关联。抛开互联网、大数据的舆论热度不谈,还有一个很重要的原因,就是互联网的受众群体数量巨大,潜在的客户群体非常庞大。这使得以互联网为渠道,可能触达到更多的客户,从而改变传统银行的获客方式。

以 P2P 模式为例,目前各大 P2P 平台通过互联网获取理财人资金的一端,基本上已经由事实证明了没有太大问题。受到国内理财市场投资品种较为单一的影响,为了资产的保值增值,理财人会将自有资金投入到相对来说透明、安全的 P2P 平台,以换取高于银行理财产品收益水平的投资回报。但在借款人一端,对于通过纯网络渠道获客的方式仍然在进行各种探索。这其中有两种方式,一种是实现批量的引入客户,即通过与社交网络、运营商或其他平台合作,批量地获取具有某些共性的客户群体。基于这些客户群体的共性进行数据分析,制定特定的客户准入风险政策。由于是批量获取,获客成本低、效率高。另一种方式即是利用网络的优势,触及不同区域、不同特性的客户。这些客户由于是开源性获取,各自具有不同的特点,很难有一套风险措施去覆盖全部客户。而对零售风险管理,是以模型为支撑的自动化管理过程,强调群体特征。因此,在开源获取客户的情况下,反而要关注群体的"个体性",对于风险管理来说难度更大。

2. 欺诈问题

个人信贷领域的各类创新模式的目标,无一例外地均追求便捷、高效的属性。而在提高管理效率的同时,如何能够保证甚至进一步提高风险管理的质量,是创新业务模式下风险管理的重要课题。

以互联网贷款申请为例,提供便捷的产品申请通道,使得客户可以花费更少的时间成本,完成贷款申请的过程。网贷平台强调的是,只要你有一部可接入互联网的设备,只需操作几步,补充一些基本信息,就可以完成贷款申请的全过程。但是这种低门槛与低成本,也为造假者提供了极大的便利,使得不法分子可以几乎无成本地进行多次虚假申请,或是同时向多家金融企业进行申请,一旦有个别申请获批,就能够套取大量资金。这在一定程度上,有点类似于现在屡禁不止的诈骗电话,骗子采取录音电话的方式通过号段实现自动拨号,哪怕得手一次,也会给被骗人造成极大的损失。

这种欺诈风险体现在两个方面,一是申请资料的造假,有了计算机与网络技术的帮助,申请资料的造假变得越来越容易,非现场管理下的反欺诈手段如果单纯沿用传统模式,将会很难识别造假资料。二是申请身份的造假,由于缺乏"面对面"核实身份的过程,申请人很容易通过盗取他人的身份信息与申请资料,伪冒他人身份获取到贷款。在这种情况下,不但金融机构损失了资金,也很有可能对被伪冒对象的生活带来恶劣的影响。

3. 客户生命周期考察

在个人信贷的创新模式下,信贷过程越发简便、迅捷,信贷作业风控的不同环节之间的边界越发模糊,关注某一环节已经不能满足风险管理和客户价值提升的需求。客户生命周期的跟踪与考察不仅仅是风险管理的要求，也是价值提升、流失挽留的要求。

互联网作为客户进入的通道，依托其特有的信息属性，可采取非现场的方式实现一部分风险识别与评估的工作，而线下的风险管理也并非完全失去了作用。风险管理与客户管理的O2O(online to offline)，将互联网金融与传统现场风险管理相结合，"线上+线下"的合纵连横，将会为风险识别提供更坚实的保障。

但线上走入线下的管理难度很高。其一，体现在信息收集和使用的复杂性上；其二，体现在存量管理及逾期清收管理过程中的高成本上。对于信息收集和应用而言，互联网大数据和传统结构化数据的复合应用较为困难。由于数据更新频率、处理难度和稀疏程度的显著差异，关于大数据和传统数据如何结合尚未出现较为成熟的应用方案；其三，由于线上获客的方式轻易地打破了地理空间上的限制，使得创新金融的受众群体遍布全国各地，但线下服务能够覆盖的区域则受到显著限制，特别在逾期催收方面，地面催收部队将很难顾及区域过度分散的小额逾期账户，造成催收管理成本可能超过逾期可回收金额，使得金融机构不得不承担更高的违约逾期损失。

4. 信息安全

互联网诞生以来，各类信息安全问题就一直引人关注。当今社会，信息网络已经支持了日常生产生活的诸多方面，网络数据涉及面之广、影响程度之大日益显著。从个人信息、社交数据到国家军事政治信息，都囊括于网络之中。某些重要的敏感信息引来了各种恶意攻击，包括信息窃取、数据篡改、计算机病毒等各种形式的数据盗用与破坏。创新金融模式依托于网络与移动技术，势必与信息安全、网络安全问题伴生。

2011年年底发生的以CSDN为首的众多国内知名互联网用户信息泄露事件就曾引起了公众的极大关注。国内最大的程序员社区CSDN上600万用户资料被公开，黑客公布的文件中包含用户的邮箱账号和密码。而在国外，早在2005年美国最大的信用卡公司之一的万事达公司曾宣布，由于一个中间业务公司的安全漏洞导致万事达公司1 390万用户的银行资料泄露，算上其他种类的信用卡用户在内，这次泄密事件波及的持卡用户多达4 000万人，成为当时美国发生的最大规模信用卡用户信息泄密案。

　　现在，互联网服务所提供的内容已经发展到社交、购物、金融交易等多个较为敏感的领域，且直接和资金打交道，但网站安全的发展速度远没有追上业务创新发展的速度。有些经营机构将大部分资金投入到日常运营中，尽管其经营的业务依托于互联网，但只有网站或数据库遭到攻击，吃过亏后，才意识到信息安全的重要性。也有些机构认为自己所拥有的用户数据并不核心，并不重视信息安全问题，殊不知在互联网高度发达的当下，用户一个简单的电子邮箱即有可能关联出众多的信息，危害金融安全。

　　当然，信息安全问题属于操作风险范畴，本书将不再对此展开详细分析，但信息安全对金融创新的威胁是不容忽视的。

第四节　风险管理是创新持续之本

一、小额分散、规模经营

　　个人信贷业务的显著特征有二：授信额度较小和规模经营。

创新业务模式下，个人信贷业务仍无法脱离这两个显著特征。授信额度偏小，根源于个人信贷业务的目标客户群主要是单一消费者、个体工商户或小微企业主，这样的客户群定位决定了用户的额度需求并不会很大；而且，从风险管理原则上，会遵循小额授信原则，并在客户结构上体现出分散性特征，比如地区分散性、行业多元性、客户多样性，避免过度授信造成的信用风险聚集。规模经营，源于个人信贷的受众群体广泛，需求者众多，而通过规模经营，能够有效降低运营成本。上述两个特征也是个人信贷可依据大数法则、采用评分卡进行管理的重要基础。

以信用卡为例，现在已经很难想象，一张普通信用卡的申请需要客户奔走各方，开具各种证明材料，再等上一个多月，才能获得信用卡批复。多家银行都建立了互联网上的信用卡申请通道，简单到提交身份证明即可进行申请。这种简化，得益于数据和基于"大数定理"的风险计量模型的支持。信贷审查向风险计量管理的模式不断转变。

大数定律（law of large numbers），又称"大数定理"，是一项统计学上的公理。该定律描述了当试验次数足够多时，事件出现的频率无穷接近于该事件发生的概率。该定律并不是经验规律，而是被严格证明了的定理。通俗地讲，大数定律描述了大量随机现象的平均结果具有稳定性，当样本量很大时，样本均值和真实均值会充分接近的情况。这一结论与中心极限定理一起，成为现代概率论、统计学、理论科学和社会科学的基石之一。

大数定律应用于现代金融风险管理中，典型体现在银行个人零售产品的管理上。个人信贷业务具有客户数目巨大、单户授信规模小、风险分散的特点。虽然单户发生风险的可能是不确定的，但对全体客户来说，发生风险的比例却是相对稳定的。通过对大量客户信息的分析和挖掘,能够找到其风险特征和预期信贷表现的规律,那么基于大数定律,其他相同条件的客户也会表现出同样的规律,从而可建立各类评分卡,量化评估客户未来的违约风险概率,并依据评分卡管理客户。

二、风险管理能力与效率并重

互联网金融服务强调开放、快捷与低门槛,定然不会参照传统金融机构的信贷管理模式。个人信贷的受众群体广泛,需求者众多,同时去抵押、去担保、简化资信证明文件是该行业的发展趋势。因此,如何削弱信息不对称,而且在这种简便化的变革中还能快速、准确地评估风险是关键性问题。风险管理的能力和效率,不仅关系到这类金融机构的持续性发展的问题,还关系到业务稳定增长的问题。

依托互联网的先天优势,对客户的信息收集也早已突破了传统授信业务中收入、负债之类的传统信息,会对客户类型、消费行为与能力、兴趣偏好等进行综合分析和描述。同时,对于传统风险管理过程中需线下多方调研、收集整理的信息,有可能利用各种设备、网络更快速地获取到,因此为减少线下调查环节提供了可能性,这也就间接地提升了风险管理的效率。

应该说,大数据并不能解决所有问题,但大数据在两方面为风险管理带来新的可能。一是如何充分利用大数据的潜在价值,结合金融机构内部的自有数据,尝试更准确、更全面的评估客户的风险情况;二是对于个人信贷业务,由于具有客户群庞大、单户授信金额偏小的特点,风险管理的效率就显得尤为重要。因此,利用大数据的优势尝试去补充或减少某些线下风险调查的环节,提升风险管理的效率就特别重要。

三、重点防控欺诈风险

互联网申请的便利性，为欺诈客户的多次尝试或批量造假提供了方便。因此，互联网申请中，伪冒申请和申请资料造假的防控非常重要。

从业务经营实际情况来看，现阶段互联网贷款业务中，申请资料及信息造假的比例与传统模式相比显著偏高。这种高欺诈比例，一方面来源于造假成本的低廉；另一方面，创新模式下的风险管理体系还处于不断探索、不断完善的过程，难免出现漏洞，欺诈者倾向于发现流程体系内的漏洞，钻空子、谋利益。特别是对于定位于经营风险偏高、资质偏低客户群的机构，面临的申请资料造假的情况更加常见。这是由于当这些客户资金需求吃紧的时候，企图通过编造身份与资质，获取更高额的贷款。

在目前兴起的多种网络融资的业务中，欺诈风险也越来越引起金融机构的关注。欺诈不仅表现形式多样化，而且由于中介机构的参与使得欺诈形成了一个"专业"的产业链，欺诈风险越来越隐蔽、防不胜防。这就促使反欺诈的手段也需创新，线下（传统的风险现场调查）和线上（网络大数据的使用）互相补充，为解决欺诈风险提供了一条可尝试的途径。

四、适度的风险容忍度

金融市场的特许经营制度以及长期以来银行的垄断地位，令新生的金融企业多是选择细分市场，经营和银行有差异的客户。这样的做法一方面避免和银行等传统机构正面交锋，另一方面也是迎合市场，满足没有被传统银行等机构服务的客户群的金融需求。这种差异化定位体现在产品属性、申请渠道、服务便利性等方面，也体现在业务风险容忍度上。

从风险和收益平衡的角度来看，对于不同风险等级的客户，需要严格把握其在金融机构整体资产中所占的相应比重，即时跟踪、调整、优化资产结构，以确保风险管理目标的实现，以及企业的持续、稳健经营。较高风险客户不是完全不能经营的，明确风险容忍度，在一定程度上可接受更高信用风险的客户，是生活在金融市场边缘的企业获得风险溢价的经营选择。当然，宏观层面的结构管理也是如此，整个社会的融资结构中，势必需要逐步纳入部分偏高风险客户群，但其总体规模与结构需要得到有效控制。适度的风险容忍度和社会容忍度有利于为更广大的客户提供必需的金融服务，也利于逐渐培养起全社会对信用的认识和建设完善的信用环境。

20世纪80年代，穆罕穆德·尤努斯（Muhammad Yunus）在孟加拉国创办了孟加拉农业银行格莱珉（Grameen，意为乡村）试验分行，将贷款发放给需要资金的农民，开创了穷人无须抵押即可贷款的先河。这种模式被称为小额担保信贷模式，在当年无疑是一个重大金融创新。为了弥补相对较高的风险成本，小额贷款企业会从借款人手中收取更高的贷款利率，但是贷款利率的上浮又反过来增加了借款人的还款压力。随着贷款利率越来越高，部分借款人最终无力承担高额的债务，导致了小额信贷危机。2010年开始，在印度南部安得拉邦，小额信贷规模达到25亿美元，占全国70亿美元份额的三分之一以上；由于部分机构利率过高，并采用暴力手段催收贷款，导致部分借款人因无力还款自杀身亡。这使得安得拉邦颁布法律，限制小额信贷利率水平并禁止信贷机构暴力收款。这股小额信贷质疑的风潮逐渐波及小额信贷发源地孟加拉国,时任孟加拉国总理职务的谢赫·哈西娜曾指责尤努斯及小额信贷机构"以脱贫的名义从穷人身上吸血",偿还利率在 20%~50% 的贷款使小额信贷变成了穷人的陷阱。这场小额信贷危机,与其说是业务模式的失败,不如说是风险管理的失败。当风险容忍度无底线地被突破,单纯地以高定价来覆盖风险成本,而非从根本上解决信息不对称,最后的结果只能演变为"次贷危机"。

五、存量客户的风险管理

对于个人信贷业务,为获取更多的客户,把强调客户体验作为导向,进行了诸多的产品创新。但如何防止客户流失并持续提升客户价值,也是一个大问题。由于能够在大数据环境中获取到更为丰富的关联数据,从而对客户行为信息有了更深层次的把握和了解,为金融产品和服务的不断自我更新与进化提供了养分。可以说,创新模式下的客户价值的实现更多地推移到了贷中管理阶段,存量客户的风险管理、资产组合管理的重要性提升到前所未有的高度。

金融创新的一个重要特点,是从"卖产品"转变为"卖服务"。既然核心在于服务,自然存在着持续性的客户接触过程,而风险管理的重点也自然而然地从准入端向贷中、贷后延展。金融创新要求对存量客户管理的重视程度不断提高,在客户层面上,有效识别客户的收入 – 风险水平;在整体资产层面,通过结构调整,优化资产质量,提升业务经营的效益。

第五节　大数据——风险管理起跳板

早在 1980 年，美国未来学家阿尔文·托夫勒在《第三次浪潮》一书中指出："如果说 IBM 的主机拉开了信息化革命的大幕，那么大数据则是第三次浪潮的华彩乐章。"因当时历史环境的限制，大数据概念并没有受到人们的重视。

随着计算机、互联网、移动终端技术的高速发展与普及，人类开始步入了信息大爆炸时代，信息如潮水般涌入我们的生活，不断改变着人类的生活习惯，当前一秒我们还不知道"屌丝"是什么时，网络上已经可查该词的含义、来源、相关新闻和热点等，让你在短时间全面地了解到相关信息。人们开始习惯利用互联网获取知识、浏览新闻、聆听音乐、观看影视、发表评论、购物、搜索、社交、游戏等，大街小巷也随处可见"低头一族"。而人们在进行以上行为时，各大企业机房不断记录着人们在互联网上的轨迹，存储着人们使用设备的设备号、浏览网站、停留时间、点击次数、搜索用词、浏览内容、购买物品类型、购买物品次数、购买物品价格、社交对象、社交内容、评论内容等各种各样的信息，因此近年来数据呈爆炸性的增长趋势。2013 年 IDC(国际数据公司)发布的数字宇宙报告《大数据，更大的数字身影，最大增长在远东》中称，2012 年全球数据量达到 2.8ZB，预计未来全球数据量将以每两年翻一番的速度增长；到 2020 年，全球数据量将达到 40ZB。如果用常见的 2.5 英寸 1T 移动硬盘来存储该部分数据，将这些移动硬盘首尾相连能往返地球和月球 6 趟。

2011 年，麦肯锡公司发布了《大数据：创新、竞争和生产力的下一个前沿》一文，文中称"数据，已经渗透到当今每一个行业和业务职能领域,成为重要的生产因素。人们对于海量数据的挖掘和运用,预示着新一波生产率增长和消费者盈余浪潮的到来"。人们逐渐认识到大数据的重要性,越来越多的企业开始将视角投向于大数据,希望从大数据中挖掘出价值。而很多领先的企业早就认识到大数据的重要性,并将大数据应用到实际的产品中,如 Google 公司的"谷歌流感趋势"(GFT) 系统、亚马逊的推荐系统、沃尔玛的"啤酒和尿布"购物篮分析,都是大数据应用的案例,从这些案例中可以看到大数据的魅力所在。

金融业是大数据应用非常广泛的行业之一。从 2003 年至 2013 年,我国的消费信贷呈现出高速发展的态势。例如,国内信用卡累计发卡量从 300 万张增长至 3.9 亿张,2013 年全年新增 6 100 万张,全年信用卡交易额达 13.1 万亿元,交易笔数达 46.4 亿笔。因信用卡授信额度较小以及规模经营的特点,人工审批及管理的时间成本和资金成本都非常高,常常依赖于数据挖掘并采用系统化、自动化管理。因此,数据在信用卡风险管理、贷款审批、额度管控、逾期催收、市场营销等各方面有着非常广泛的应用,数据支持提升了风险管理的能力和效率。

多数基于互联网的金融创新背后是离不开数据支持的。一方面,大数据改变了金融格局。比如,大量的用户数据、交易数据、浏览数据、评论数据是电商进入信贷领域的基础,通过这些数据可以较为快速地衡量用户的经营和风险情况。另一方面,大数据推动了产品创新。为追求提供简单、快捷的金融服务和优质的购物体验,诞生了实时申请、实时贷款等贷款服务,极大地提高了贷款流程时效。比如,信用卡实时申请是通过互联网和实时数据决策支持系统实现支付工具和消费市场的无缝连接,颠覆了传统办理信用卡的流程,办理信用卡所需时长也产生了质的飞跃。这个飞跃的核心就在于数据决策系统，能够快速地甚至基于线上一站式提供真实性决策、信用风险决策和额度决策等。从这里可以看出，大数据推动产品创新本质上是因为大数据为风险管理提供了更多的选择。

一、欺诈监测

互联网个人信贷创新模式追逐的是快捷、便利、高效的目标，提高客户满意度的同时，也给欺诈带来了可乘之机。不法分子只需要通过点击鼠标就可以批量地向金融机构申请贷款，采用图像处理技术可轻易制造虚假材料，欺诈的成本大大降低，欺诈现象更加普遍。

欺诈能够成功的主要原因之一就是信息不对称，当金融机构拥有大量的外部数据，采用第三方信息验证、电话核实、反欺诈排查等手段可大幅度降低欺诈比例。当掌握数据信息足够多时，金融机构可以对客户说"比你自己都了解你"。例如，通过户籍数据可以了解你的家庭情况；通过学历数据可以了解你的教育情况；通过中国人民银行征信数据可以了解你的贷款情况；通过电信运营商数据可以了解你的联系人信息；通过房屋中介数据可以了解你的居住房产信息；通过电子商务数据可以了解你的消费信息……当数据积累的维度和深度足够且能够很好地整合时，就能提升对欺诈的防范能力。

二、信用风险评估

互联网金融创新的快捷、简化、纯信用的特点同样对信用风险评估提出了挑战，申请快捷要求贷款审批系统化、自动化，降低人工审批的比重，简化材料导致更严重的信息不对称，而纯信用又对客户风险评估的准确性提出更高的要求，以上特点决定了创新模式下需从多维度获取客户信息，并以风险计量技术为基础实现风险管理。

传统风险计量主要采用申请信息、中国人民银行征信等信息开发信用评分模型以及风险规则。大数据下风险计量技术将突破传统的限制，在数据方面将会融入大量的非传统数据，和传统数据进行结合，更全面地评估贷款人的信用情况。在风险计量技术方面将会出现新的突破，不再受限制于Logistic（逻辑）回归、决策树等成熟的统计方法，新型的模型技术将在实际业务中得到有效应用，从而实现全面、准确评估客户风险的目的。

三、风险预警

所谓风险预警，指提前发现未来会爆发的风险。提前发现与预警，金融机构才能采取针对性的措施，及时控制损失。大数据在风险预警方面有着得天独厚的优势。例如，电商平台拥有商铺每个月的交易信息、用户评价信息、浏览信息、收藏信息等。商铺的还款能力源于经营，经营情况可由评价、浏览、收藏等信息综合评估。因此在整个链条中，跟踪每一节点的异动，从而实现风险的预警，而不需要等待违约的真正发生。

另外，大数据在了解借款人共债问题上也提供了途径。银行等传统金融机构解决共债问题的主要途径是通过中国人民银行征信报告了解借款人在其他机构的贷款情况。对于很多创新型金融机构来说，现阶段并不能获取到中国人民银行征信报告，也无法将客户违约的情况接入中国人民银行征信系统中。目前，中国人民银行征信系统拥有全国大概 8 亿人的报告档案，但其中 3 亿人存在信贷账户信息不足，大量个人及小微企业主存在民间借贷或其他无法体现在征信报告中的信贷行为。通过互联网获取更多维度的信息，如通过借款人的联系人、社交圈等的关联分析，或借款人在互联网上关注、浏览的贷款信息，社交网络中的贷款推销人员等方面，辅助共债情况的判断，让风险预警体系更具实时性与智能化的特征。不同来源的数据之间的互证冲突，提炼为策略，直接写入实时监控体系，使得大数据快速更新，实时地为风险监控体系提供输入，令风险异动在第一时间反馈出来。另外，基于机器学习，对每位信贷申请人广泛来源的数据进行分析、归类与整理，建立借款人档案，对异常行为模式做出预警。

四、逾期客户管理

客户发生违约之后的管理是风险全流程管理中非常重要的一个环节，是实现闭环管理和风险指标控制的关键。大数据对于逾期客户管理主要体现在以下三个方面：一是优化催收策略；二是客户信息丰富化；三是触达方式的多样化。

催收策略主要由催收方式和计量工具两大部分构成，由计量工具来决定客户的分类，根据客户分类决定所采用的催收方式。大数据为完善计量工具、提高计量模型的精准性提供了一种可能性。另外，大数据也衍生出新兴的催收方式。传统的催收方式包括信函、短信、电话、上门、司法等。而通过大数据可获取客户的微博微信等新兴社交工具，增加了客户触达方式，从而丰富催收方式。

客户失去联系而无法触达称之为失联，触达客户是催收的基本前提，否则就谈不上催收了。目前金融机构面临的失联主要是指利用内部系统中存储的联系方式没有办法联系到客户，但是如果获取到第三方数据，可以对客户联系方式进行补充和修复。例如，电信运营商和电子商务的数据，会对失联客户联系信息的修复起到非常重要的作用。

五、征信服务

传统征信数据主要以中国人民银行征信数据为代表，主要记录贷款客户的个人信息、工作信息、居住信息、贷款信息、查询信息等，是银行业衡量客户风险的重要依据。但随着大数据的兴起，金融从业者意识到客户的互联网行为数据、电信运营商数据等拥有巨大的价值，对全面进行客户的风险评估、营销响应等都有非常大的帮助。需求创造生产力，征信行业随之成为热点，涌现出不同形式的以互联网数据为基础的征信服务。一类征信业务主要进行真实性核查。利用数据收集的优势，对数据进行简单的整合、统计和多方匹对，从而提供校验真实性的服务。另一类征信业务是在数据收集、整理的基础上，拥有对数据强大的处理能力和业务背景，能够挖掘出数据的潜在价值，建立评估模型和策略，提供信用评分的服务。这两种方式都是对中国人民银行征信系统的有力补充，对金融创新业务的发展起到了很好的扶持作用。

第二章
风险管理概述

在金融行业新的发展阶段里，信贷业务仍旧是在经营风险、管理风险。而风险本身在创新业务中并未发生实质的变化。不过，在互联网和大数据时代，信贷业务面临的主要风险类型可能发生变化，管理风险的方式和手段也更为多样化。伴随着业务模式的不断创新，风险管理也在进行着持续创新，对于风险的理解和认识也同样被提到了新的高度。

第一节 理 解 风 险

一、什么是风险

风险管理，顾名思义，其管理的标的物是"风险"。那么，什么是风险呢？其实所谓"风险"，距离我们的日常生活并不遥远，每一天我们可能都会接触到"风险"，而我们每个人也都在或多或少地进行着"风险管理"。

举例而言，你家附近的健身房会员卡正在打折促销，推出季卡、一年卡和两年卡三种规格。按日均付费金额计算，两年卡最物超所值，季卡单日费用负担最高。但非常明显，我们无法确定这个健身房是否会存续两年时间，如果健身房提前关门，还未使用的会员卡余额很有可能无处索赔。这种不确定性就是一种风险，而你在季卡、一年卡和两年卡之间的对比、衡量、选择的过程，也可称为风险管理的过程。这是一种宽泛意义上的"风险"，可以概括为一种不确定性。当然，并非所有的不确定性都会给你带来损失，也有可能带来收益。

现在，如果你计划做理财投资，银行的工作人员都会先请你做个风险承受能力测试，其中经常会出现一道这样的问题：

假设您将10万元用于投资，五年后可能会产生如下几种结果，您能接受的是哪种？

（1）最差0元，最好30万元。

（2）最差6万元，最好20万元。

（3）最差10万元，最好12万元。

在上述选择里，都有可能为你带来收益，但收益具有不确定性，同时根据你的选择不同，有可能面临损失。如图2-1所示，这种不确定性就是风险，而你对这种风险的接受程度可以称为风险容忍度或风险承受能力。

图2-1　什么是风险

经济领域所称的"风险"概念相对窄一些，通常指的是对预期结果的偏离,而这种偏离无论是不及预期还是超过预期都可能成为风险。例如,在进行一项投资的过程中,投资人预期 6 个月的投资期后可得到 1 万元的收益,并根据这项预期进行了下一阶段的投资安排。对预期结果产生的任一方向上的偏离,都有可能引起再投资风险。

当然,一般更为关注的风险是可能带来损失的"风险",即纯粹的风险。简单地说,这种风险发生时对机构来讲只有耗损,没有收益,而且是直接的损失,并非潜在损失或间接损失。因此通常我们所说的金融领域风险管理是指管理可能发生的损失,即损失发生的概率及损失金额的不确定性。这种风险在金融机构经营过程中客观存在,但可以测量、评估与管理。

二、风险的类型

风险有多种不同类型,如果按照风险的来源进行分类,有信用风险、市场风险、操作风险、流动性风险、合规风险等。在此仅对个人信贷领域最常见的两种风险来源进行介绍。

1. 信用风险

信用风险,是指因交易对手不能履约所造成的损失,在个人信贷业务中多是指借款人不能按照约定的时间足额还款。未按约定履约包含至少三种可能的表现:第一种表现是未还款,即对于约定在某一时点偿付的款项,完全没有进行偿还;第二种表现是未在约定的日期按时还款,即使事后足额偿还债务,仍属于违约表现;第三种表现是未足额还款,虽然在约定的还款日期内进行了还款,但是还款金额并未按照约定足额缴付,这也视为违约。上述行为所造成的损失属于信用风险范畴,客户履约能力的下降,也属于潜在的信用风险的范畴，最终可能会以延期付款、非全额付款等方式表现出来。

信用风险的产生有两项主要原因，其一是借款人没有足够的还款能力，其二是借款人无偿还意愿。借款人没有足够的偿还能力是较为常见的信用风险成因。这可能源于在审核引入阶段，客户的收入情况良好，但由于突发原因使得客户丧失了全部或部分还款能力，或是在引入客户时未能有效衡量客户的收入水平，向无收入、低收入的客户出借资金的情况，这些情况都可导致借款人的收入不足以偿还债务。另外，还有一个因素对信用风险有很大的影响，即超贷现象。超贷即是对客户出借了超出其负债能力的资金。造成超贷的可能原因有金融机构过高评估客户的还款能力而过高授信，但也有其他方面的可能。比如，由于金融机构的业绩冲动，为提高收入，希望促使借款交易达成的同时尽量扩大业务规模，这就导致对客户的授信额度超出了客户所需；超贷的形成还有可能来自市场竞争的压力，在目标客户、产品与风险管理方法高度雷同的情况下，会造成同样的客户成为各家金融机构争相抢夺的目标。为了突出自身的竞争优势，金融机构更容易以较高的授信额度来争取客户。而单一机构的高授信又引发其他机构的跟风，造成严重的共债问题。无序竞争催生的囚徒困境，是由于固守传统经营模式与传统客户群定位造成的。现代金融市场环境下，创新模式层出不穷，也是希望另觅蓝海，寻找新的增长客户群与新的竞争优势。

信用风险产生的另一原因是无偿还意愿，也就是说，即便借款客户有偿还欠款的能力，但仍有可能主观地不按约定还款，由此所带来的逾期损失也属于信用风险的范畴。无还款意愿所造成的信用风险损失多与欺诈风险有相关性。采取欺诈手段获取贷款的借款人并非均无还款意愿者，而无还款意愿的借款人并不一定采取了欺诈手段获取贷款。

2. 操作风险

根据《巴塞尔协议》对操作风险的定义，操作风险是指由不完善或有问题的内部程序、员工和信息技术系统，以及外部事件而造成损失的风险。根据这个定义就可以明晰地了解到，操作风险的四大来源包括内部流程、人员、信息技术系统和外部事件。再细分操作风险的类型，包括如下几类。

（1）内部欺诈：指涉及内部人员的故意骗取、盗用财产或违反监管规章、法律或公司政策导致的损失事件。

（2）外部欺诈：指第三方故意骗取、盗用、抢劫财产，伪造文件，攻击信息技术系统或逃避法律监管导致的损失事件。

（3）就业制度和工作场所安全事件：指违反就业、健康或安全方面的法律、法规、协议，造成个人工伤赔付或因歧视及差别待遇导致的损失事件。

（4）客户、产品和业务活动事件：指因未按有关规定造成未对客户履行分内义务（如诚信责任和适当性要求），或产品性质或设计缺陷导致的损失事件。

（5）执行、交割和流程管理事件：因交易处理或流程管理失败，以及与交易对手、外部供应商及销售商发生纠纷导致的损失事件。

（6）信息技术系统事件：因信息技术系统生产运行、应用开发、安全管理以及由于软件产品、硬件设备、服务提供商等第三方因素，造成系统无法正常办理业务或系统速度异常所导致的损失事件。

（7）实物资产的损坏：自然灾害或其他事件造成的实物资产

损失或损坏的事件。

这里需要强调的是外部欺诈,它被归类在操作风险之中。对于个人信贷业务而言,外部欺诈是一种非常常见的风险来源,造成的损失也可能是巨大的。特别是很多欺诈行为不能确认,使得欺诈行为所造成的风险损失与信用风险所造成的损失无法明确分割。例如,借款人通过编造过高的收入、良好的工作等情况来骗取贷款,而后无能力进行还款,在这种情况下,借款人的逾期将表现出信用风险的特征,而其背后的真实损失原因来源于外部欺诈。正因为外部欺诈存在隐蔽性、损失大的特点,在业务管理中,经常将欺诈风险单独列为一种风险类型,专门讨论欺诈风险的防控措施与手段。

在个人信贷领域,根据欺诈的类型不同,又可分为信息欺诈、身份欺诈和用途欺诈。信息欺诈通常指通过编造、伪造资质证明资料,提供虚假申请信息等方式,期望骗取贷款或提高贷款额度。身份欺诈则意味着客户信息和申请资料本身的事实是真实的,但属他人替代其身份进行贷款申请(伪冒申请),或冒充借款人支取使用资金(交易欺诈)。用途欺诈是对于指定用途的贷款产品而言,通过虚构交易事实,套取、挪用资金。

第二节　风险管理的概念

风险管理本身是基于对风险发生的规律的研究与把握,通过各种手段对风险实施有效控制,并妥善处理损失的过程。风险管理的核心是有效"管理"风险,而非单纯地"消灭"风险。

一、风险的内涵

风险管理的目标不是完全消灭风险,而是能够有效识别、衡量风险,并将风险置于可控范围内。这是由于:

(1)风险是无处不在的。在个人信贷业务的经营过程中,完全排除风险是不现实的,可以说信用贷款业务运作的就是风险,信贷业务的经营过程本身就是风险管理的过程。

(2)风险是有价值的。正是由于存在不确定性、存在风险,经营者方可以从这种风险运作中要求更高的投资回报,从而获取收益。风险管理的目标之一就是要保证收益水平与所承担的风险相适应。盲目地增加收益的行为都可能导致风险的扩大;反之,过分强调损失控制或不允许损失发生也会限制收益的取得。风险管理追求风险调整后的收益最大化,而非单纯的风险最小化。

(3)风险是可管理的。当然,盲目地接受风险是不理智的,正因为风险是可衡量的、可控制的,因此才能够通过管理风险的过程实现最佳的风险收益。在对风险进行有效识别、衡量的基础上,经营机构可选择其愿意承担风险的水平,获取与风险承担相适应的资本回报,并通过有效的风险评估和管理决策,以确保业务风险水平在容忍度范围之内。

二、风险的衡量与管理手段

既然风险是不可避免的,那么对哪些风险该主动承担、对哪些风险该尽量规避呢?要回答这个问题,首先要了解图2-2所示的风险矩阵。根据对风险发生的可能性和风险发生后所带来的损失大小两个维度的划分,风险事件被大体识别为四个类型。对于不同特征的风险,所采取的管理手段也不尽相同。

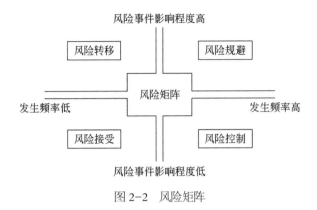

图 2-2 风险矩阵

（1）风险转移。对于发生频率低，但严重性较高的风险类型，金融机构难以对其进行有效的内部控制，或内部控制成本非常高，一般会采取转移风险的缓释手段，如通过保险形式转嫁风险。

（2）风险接受（也叫风险自留）。对于发生频率小、严重性也非常低的风险类型，可以考虑接受风险。特别是在风险稀释成本较高的情况下，对风险干预的成本往往超过了该风险所可能引起的损失，没有必要对其进行设置控制措施与流程。

（3）风险控制。对于发生频率高，但严重性较低的风险类型，一般可采用风险控制的管理手段。这种控制一方面体现在控制风险发生的频率，使其发生的概率更低；另一方面也体现在控制风险发生后造成的损失，也就是使得此类风险尽量向自留风险方向转化。

（4）风险规避。对于极有可能发生，且发生后会带来较大损失的风险事件，通常采取规避策略，即不涉足相关业务。

上述风险管理手段并非截然分开的，正如风险事件也无法明确区分至四个象限中，具体风险事件的管理手段是相互关联并具有可变通选择的。如风险自留和风险控制这两项管理手段有着明显的相关性，对于希望得到控制但又无法完全避免的风险事件，只能采取风险承担的方式。在风险承担的过程中，需要对风险控制的边界进行有效预测，并通过有计划的自提保险，为风险自留留出空间。最典型的例子就是银行对于可能发生的违约计提坏账准备，借款人违约是金融机构希望管理并控制的风险事件，但在无法完全规避的情况下，会根据测算与预估，实现计提坏账准备，为需要自留的部分损失作出抵补准备。

三、风险的闭环管理

风险管理是一个闭环管理的过程，有两层含义。一是风险管理的流程应是闭环。从识别、衡量风险开始，基于风险分类建立相对应的管理手段，通过管理手段与策略的落地实施，产生风险管控效果，继而需要对实际风险管理效果进行监测，做出效果评估，再进入新一轮对风险的识别和评估的过程中去。二是贯穿在业务流程中的各风险环节点应形成闭环。风险管理的文化、理念、政策应贯彻到销售和市场部门，而对于在营销过程中以及贷后、逾期管理中发现的问题应及时反馈给政策制定部门，调整、优化风险管理政策。这一在业务流程中形成的闭环管理不仅有利于风险管理措施的落地，同时使得风险管理和业务发展协调共进。

第三节　风险管理战略

一、风险管理战略的概念

战略泛指统领性的、全局性的规划与方案，体现企业中长期的发展愿景。战略及相应的配套机制会在一定时期内保持相对稳定性。

金融风险管理的战略与企业的总体发展战略密切相关。风险管理战略是根据企业经营总体战略而制定的，为了保证企业经营目标的实现，风险管理战略需要与企业经营战略保持一致性。而风险管理战略在业务风险管理体系中，又处于统领全局的地位，指导协调风险体系的组成部分的工作，可分解为各业务领域及各业务环节的风险管理方针。

二、风险偏好与容忍度

风险管理战略定义的核心内容是风险偏好与风险容忍度。风险偏好代表了金融机构对风险及回报的态度，某些机构在经营中以风险规避为主，而另一些机构可能采取更多地主动接受风险的经营行为。风险容忍度则是在风险偏好的总体指导下，对风险敞口量化后确定的企业所能承受的最大限度的可预见风险水平。风险偏好和风险容忍度二者共同回答以下问题：金融机构承担何种风险？承担多少风险？承担风险的边界在哪里？明确的风险偏好和容忍度界定，使得业务风险决策的过程保持相对稳健，而非盲目地选择风险管理策略。

风险具有二重性，反映着业务经营过程中机会与威胁并存的状态。明确业务经营的风险偏好与容忍度，意义在于明确了风险与收益之间的关系，使金融机构在风险容忍度范围内，取得目标的经营收益。

基于金融机构的不同发展战略、不同市场环境及其所处的不同发展阶段，风险偏好会有不同选择，总体而言，风险偏好的类型包括总体审慎（风险回避）、中性或风险追求等不同类型。由于风险偏好的差异，不同金融企业设置的风险容忍度可能有较大差异。

第四节　风险管理策略

风险管理策略是在风险战略的指导下，选择的具体风险管理方法，其涵盖的范畴较为宽泛。风险管理策略既不同于风险管理战略的纲领性指导，也不同于具体的风险管理政策与规则条款，而是反映战略导向的风险管理工作的总体安排。

风险管理策略可以是多个不冲突的管理策略并行的，共同构成金融机构的风险管理方法。此外，风险管理策略本身没有好坏之分，而是与金融机构的风险战略导向、所处市场环境、业务发展方向等实际情况密切相关的现实性选择。

一、全面风险管理

全面风险管理，是指对金融机构各个业务层面、各个业务环节的风险全盘管理，将信用风险、操作风险、市场风险进行通盘考虑，并将风险管理相关的所有业务单位均纳入到这个体系中来，并以统一的量化指标来衡量、跟踪、评价风险管理的过程及效果。一个有效的全面风险管理体系绝非单纯依靠一个模型就可实现，它是一个至少融合了组织、政策、流程、技术、文化五方面因素的有机体系。

在组织方面，需要将风险相关部门均纳入到管理体系中来，不仅包括直接承担风险管理具体职能的部门，也包括与风险和资产质量息息相关的销售、市场等业务部门。为了协调上述多个部门的管理工作，形成风险共担、沟通协作的运作机制，通常会建立企业层面的议事机构——风险管理委员会，统筹协调全面风险管理工作，以确保各项风险管理政策可在部门间得到有效执行，同时保证风险管理职能部门的相对独立性。风险管理委员会至少要统筹实现的职能包括：风险监控及预警、日常操作风险及合规管理和不良资产处置。

在政策方面，要明确各业务条线的基本准入要求与风险限额管理要求。完善风险管理政策体系，包括广度和深度两个维度上的工作。在广度上，不同业务类型和业务的各作业环节，均要有相应的风险管理规范，并避免多个并行管理政策之间的交叉或冲突。从深度上，风险管理政策有层级之分，根据调整范围及明细程度，至少分为管理层级和操作层级的两级政策制度体系。以信用风险管理为例，授信管理政策是纲领性文件，其他业务环节的信用风险管理细则、手册、指引，均应在授信政策框架内制定与执行，并根据授信政策的调整而不断优化。

在流程方面，风险管理需深入贷前、贷后、逾期管理的各个环节，并形成各环节之间信息反馈、优化、螺旋上升的机制。银行传统"信贷员制"的风险管理方法，有"重准入、轻贷后"的痕迹，而在实际信贷业务过程中，贷后的信贷管理是控制风险、实现收益的重要过程。风险管理动作需要嵌入到整体流程的各个环节中，并通过客户引入、存量管理、逾期清收不同管理阶段收集的信息，向其他管理环节传递相关信息，通过各业务环节的协同作业，才能形成风险管理的闭环，从而不断完善整体管理流程和各环节的风险管理策略。

技术是全面风险管理体系实施运行的"基础设施"。此处所说的技术包含两方面的内容,即信息技术系统和风险管理的计量技术体系。个人信贷业务面对的客户数量庞大,需要处理的业务请求非常巨大,依靠逐一人工判断是行不通的,标准化和自动化是必然选择。数据分析、挖掘以及依靠风险计量技术实现的评分卡及策略,是实现标准化的基础。而评分模型及策略必须通过流程管理的 IT (information technology,信息技术) 系统来实现,方可实现作业的自动化。以电子化、系统化的方式强化业务运作的自动化水平,并通过自动识别、分析和决策的功能,提高系统的智能化水平,是全面风险管理体系中技术一环的关键作用。

企业文化是企业组织、运作环节中所有人员采取的态度、观念及行事风格。文化是企业的核心,通过风险文化方可使风险政策与流程成为全员主动的行为与习惯,达到以思想引导、以制度约束的风险文化建设目标。在文化管理方面有多方面的具体落地措施,包括培训宣导、履职合规评估、业务考核挂钩、资格认证等。风险文化的培育一方面需要高层垂范引导,形成组织共识;另一方面也需要建立相应的考核激励机制,引导各部门提高风险意识。风险管理绝不是风险主管部门自己的事情,而是需要全员认识、全员管理的,在任何岗位上都要具有风险意识这根弦,具备部门合作及风险共担的意识和文化。例如,前台销售人员同样要把风险排查的职责背负起来,将风险管理向前延伸,通过合规的业务流程和到位的风险意识,主动识别风险、排除风险,让风险防范成为一种习惯。特别针对欺诈风险的管理,因为销售人员是直接接触客户的,他们才是风险识别的"第一道防线"。可通过风险意识宣导、风险防范技能培训、业务考核指标挂钩等多种方式,引导销售人员关注引入客户风险,主动管理销售端风险。

二、集中的管理架构

在个人信贷业务领域中,在全面风险管理体系下,采取集中风险管理的趋势越发明显,这也是为了提高信贷作业流程效率、提高风险管理策略执行一致性的必然结果。集中式风险管理将风险决策的权限集中在总部管理,并由专业部门来行使客户准入、存量管理、贷后催收的职能。风险集中管理最突出的优势是,能够保证从整体上把握金融机构所面临的全部风险,将风险管理策略与业务发展策略统一起来,使其得到准确执行。

随着个人信贷业务风险管理探索的逐步深入,银行等金融机构开始尝试网状管理的组织结构部署。风险决策的权限仍集中在总部相应职能部门,而总部业务部门及分支机构在流程内承担起相应的风险管理职责。风险管理不再仅是风险相关职能部门的责任,要将风险管理延伸至业务末端,各业务环节均承担相应的管理职责。风险管理的组织结构呈现出从分散到集中、从集中再到分散的过程,但这第二次"分散"已经不再是风险决策权利的分散,而是风险管理权责的分配。这种"分散"有利于集中各条线、各层级的力量将风险管理好,完善风险共担的管理机制。

三、风险分散的原则

分散风险是金融机构经营中的一项古老的规则。简言之,该策略的假设前提是,所有的风险并非同时发生,分散化可使组合的风险显著低于组合中所有单项交易的风险加总。该理论最早出现在投资管理中,最早见于马科维茨的证券组合理论。

在信贷管理方面,集中度风险管理源于金融机构对同一个信贷对象或相关信贷对象的授信敞口过大所造成的潜在风险,包括对同一业务领域、同一授信客户、同一金融产品的集中授信。简言之，就是金融机构在同一行业、同一地区、同一客户（或一组关联客户）身上投放的信贷规模过大，使关联信贷资产在总体资产结构中的占比过高，造成风险过度集中，一旦同一贷款交易或相关贷款交易出现系统性风险，则金融机构将会面临非常大的损失。集中度风险属于其他风险类型的派生风险,具有较强的隐蔽性，一旦发生，又可能对金融机构造成较大损失。

为了避免风险过于集中，经营机构会采取风险分散策略，保证资产结构的合理构成。特别是在个人信贷领域，风险分散更是大数定律运行的基本条件，是个人信贷计量管理工具的理论基础。在大数定律下，单户发生的违约风险对整体资产无显著影响，整体资产违约率将保持稳定，这就要求单户发生违约的概率相互独立。而集中度风险过高时，资产结构中多个账户的违约概率相互关联，且在整体资产中占有一定比例，可能造成风险管理计量工具及相关策略在一定条件下的失效。

四、计量风险工具

管理风险的基础是识别和衡量风险，计量风险工具则是利用量化的方法来评估风险。在个人信贷风险管理领域，由于客户数量巨大、单户授信额度较低，传统信贷员模式下"人盯人"的信贷管理方式由于成本过高、标准不一致等原因不再适用。以"大数定律"为基础的计量风险管理逐渐成为核心管理技术手段。计量风险管理能够对业务所面临的风险-收益水平作较为科学、准确的评估，避免单纯依靠业务人员的主观判断进行决策，从而实现客户管理的标准化和自动化。

计量风险评估也为风险管理有效性的判断提供了可量化的明确标准。计量分析工具能够相对准确地测算出风险发生的概率，以及发生违约风险后的损失严重程度。结合计量风险管理工具，采取对应的风险管理措施，计量工具能起到帮助提高决策水平的作用。有效的计量管理工具、正确的策略，落实到客户管理的政策层面，方可达到预期管理效果。因此，以客户为中心的精细化管理，需要通过健全的风险计量工具做支持。资产层面与客户层面的相互作用关系，是以评分模型所代表的计量风险管理工具作为沟通及传导的介质的。

五、资产组合管理

全面风险管理体系关注业务整体风险水平，就需要通过建立一体化的分析方法和相应指标，反映金融机构所面临的风险状况。这种反馈体系既能反映总体风险水平，又能拆分到各业务条线和流程环节中去，采取较为统一的标准来衡量、比较、评估风险管理的效果。资产组合管理正是将各业务层级、各运作环节的风险管理关联起来的核心衡量标准。

在既定的经营目标以及资源约束的条件下，要确定最佳的资产组合，需要回答如下问题：在一定的风险水平下，依靠特定的资源配置应该发展什么业务？发展多大的规模？引入什么样的客户？客户、产品、资产的结构如何？

采取图2-3所示的资产组合管理策略，能够有效支撑全面风险管理体系，这是由于：

（1）资产组合管理是贯穿业务始终的。资产组合管理策略反映在新客户引入、交叉营销、存量客户管理以及逾期账户管理中。

根据业务发展战略与风险管理战略的定义，明确业务规模追求、风险偏好、容忍度要求等具体目标，通过风险－收益分析决定资产组合配置。

（2）资产组合管理是可以落地到客户管理的具体策略之中的。资产层面管理和客户层面风险管理是密切关联、相关作用的。各业务环节的具体风险策略直接作用于客户层面，客户的质量最终反映到资产质量层面，客户层面政策执行结果反映了资产组合管理的效果；而根据资产层面的质量变化，会形成具体的风险管理策略落实在客户层面及各个业务环节中，通过对资产组合的适当调整，可达到客户管理的各项指标要求。

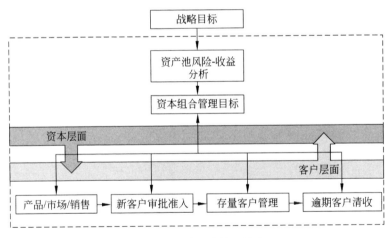

图 2-3　资产组合管理策略

第三章
个人信贷申请准入

第一节 信贷工厂

一、信贷工厂的起源

谈到工厂,很容易让人联想到一群蓝领工人,在车间流水线旁边,日复一日做着重复性的操作性工作,身后的质检车间对工人有没有依照标准完成工作进行检查。这乍看上去似乎与高楼大厦里西装革履的金融机构白领所做的信贷管理工作不相干,但还真有这么一种模式,将信贷管理也化为工厂车间,以流水线的方式推动流程化作业。

所谓信贷审批工厂,起源于淡马锡模式。淡马锡公司成立于1974年,是由新加坡财政部负责监管、以私人名义注册的一家控股公司。淡马锡公司在对中小企业授信管理过程中开发出了一种批量化生产中小企业融资产品的运作模式,被称为淡马锡模式。

信贷审批工厂模式通过设计标准化产品和流程,实现流水线式的信贷作业过程,并强调全流程的风险管理。信贷工厂模式发端于中小企业贷款领域,其出现的背景是为了解决中小企业的融资问题，在金融机构的风险管理需求和中小企业资金需求之间寻找到了一个平衡点。从这点出发，信贷工厂模式适用于批量化作业的各类信用贷款领域，授信群体从个人消费到中小企业经营，应用空间广阔。

富国银行（Wells Fargo）于1852年诞生在美国加利福尼亚州，发展至今已有160余年的历史。截至2014年6月，富国银行以1.6万亿美元资产位居全美第四大银行。1989年，富国银行开始在其零售银行业务项下建立了小企业银行业务部门，专门服务于小企业客户，为年销售额低于1 000万美元的小企业提供贷款。1994年，富国银行自身成本分析显示，通过传统的标准放贷程序来发放超小额贷款，由于成本过高，无法实现经济效益，于是，富国银行开始瞄准小企业中的一个细分市场，研发了"企业通"产品，专门针对年销售额低于200万美元的微型企业，采取无抵押担保的方式，提供不超过10万美元的信用贷款。

"企业通"产品定位的客户为个人，虽然贷款用途用于企业经营，但针对该细分市场，富国银行认为这些贷款申请者属个人范畴，而非企业客户，对其风险水平的识别与衡量也是基于申请人的，而非其名下企业的经营情况。从客户定位出发，针对这个特殊的细分客户群，富国银行制定了专属于此类客户群的解决方案，包括定制化产品、批量化主动营销、简化进件材料、省却抵押品、优化风险评估过程、持续风险监测。通过这种方式，富国银行不但在小企业这个细分市场扭亏为盈，并且逐渐成为美国小企业贷款领域中最主要的贷款银行。

富国银行实现这些突破的背后，有着风险管理创新的支撑。其一，清晰的客户群定位，并基于客户群特征开发针对性的标准产品。"企业通"产品精准定位于年销售额较低的小企业客户这个细分市场，并为其研发一个办理便捷的产品，产品额度同样限制在较低水平上，既适应该客户群对授信额度的需求，又满足风险管理的要求。其二，明确的风险抓手。改变过去标准的企业授信流程，对小企业定位客户的风险识别定位于个人，而非企业，依靠较易获得的申请信息来衡量客户风险水平。其三，适当的风险容忍度。对于这一细分市场，针对客户群的实际特点，适当上调了风险容忍度的控制目标，在允许较高损失的同时，获取了广阔的市场份额及更高资产回报，在风险与收益之间找到了很好的平衡点。其四，持续优化的流程与策略。基于信贷工厂全流程的指标监测，与各环节之间较为流畅的问题追溯机制，实现了产品表现的持续跟踪、度量、测试与优化的过程。通过有针对性的优化策略和小规模的试点测试，持续探索符合市场现实和差异化客户群的最优产品、流程及策略方案，以独立部门负责新产品新业务的开发与推动。

二、为什么工厂化

在个人和小企业信贷领域，存在两种主要的经营模式，一类是地域管理模式，另一类是工厂管理模式。

地域管理模式，顾名思义，就是基于地理位置的优势，服务于一定辐射范围内的客户，典型的代表包括社区银行与国内网点众多的大型银行。采用地域管理模式的原因有二：一是由于传统的展业模式与客户管理方式，需要通过人工的、现场的方式开展营销，并进行贷后管理。离客户近一些，自然是采取地域管理模式的直接诱因。二是地域管理模式下，希望通过放权到地方，照顾当地市场环境与客户需求的差异，根据实际情况可实施相对灵活的管理策略。这种管理模式的服务延伸依托于网点和人员的扩展，一旦增加了服务网点及配套人员，则相应的展业规模、处理速度、服务质量的提升见效相对较快。但是地域管理模式的显著问题是成本过高，且很难服务到地理位置上较为边缘、人口密度较小、经济活动不活跃的地区，注定造成一线、二线城市信贷市场的激烈竞争。

工厂管理模式则打破了这种地域辐射式的管理方式，通过流程再造，将信审管理的操作流程、组织职能、规则与策略进行标准化，像工厂流水线一样进行多层级、无缝链接的信贷管理。工厂模式以"中心工厂＋卫星车间"的方式进行信贷管理，其中卫星车间为金融机构的派出组织，以承接已明确定义好的短流程作业为主，而中心工厂则进行长流程管理，以总部集中管理的模式生产标准化的信贷产品和服务。工厂模式的特点是以技术化、标准化的手段提升效率，依托信息技术和智能技术实现远程的管理，填平了地区之间管理水平的差异。同时，对参与生产的流水线上的每个岗位工作进行有效分割和集成，既控制了操作风险，又提高了作业效率。

如图 3-1 所示，信贷工厂的直接输入项是申请贷款的客户，而产出的是标准化的产品和服务。对于借款客户来说，信贷工厂本身是一个已经包装整合好的盒子，会按照既定流程进行自动化生产，完全无须借款人了解或推动整个生产过程。而组成信贷工厂作业"盒子"的构件可大致区分为硬件和软件两类，其中硬件包括信贷管理职能部门与人员、信息技术系统、外部资源（如外部数据）等，而软件部分则包括已经定义好的模块化流程、模型及对应策略，以及流程的控制指标。

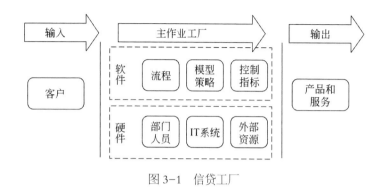

图 3-1 信贷工厂

三、服务于审批，不仅仅是审批

信贷工厂直接体现了对贷款审批准入过程的改造。传统模式下，分支机构承担客户引入与审批的职责，享有相对独立的审批权；总部对派出分支机构的管理难度较大，管得严了，分支机构无法根据地区实际市场环境进行灵活调整，管得松了，区域管理可能出现业绩优先、风险把关不严的现象。而采取信贷工厂作业模式，采取总部集中管理模式，分支机构作为卫星车间，在客户准入过程中承担的职责是按既定流程收集客户信息、核实真实性，将这些信息按约定输入总部的大工厂中。由于审批与授信权限集中在总部，使得风险管理当中，既可以做到通盘考虑，又可机动灵活地优化调整准入策略。

基于风险的集中管理，客户管理的外延在扩展。从管理的作业流程上来说，向前延伸至销售，向后延伸至存量管理、贷后催收；同时，风险管理深度加大，从单纯的客户管理上升到资产管理层面，资产管理贯穿业务始终，同时又可以反映到客户层面。

如图 3-2 所示，从作业流程上来说，信贷工厂涵盖了从标准化产品设计、客户营销一直到贷后管理各个作业环节。每个作业环节又可向下细分成多个子流程，每个子流程均由专岗专人负责，每个子流程的操作规范或执行规则已经事先约定，岗位负责人员对子流程的操作合规性负责。通过全流程的质量检查来控制岗位职能的实现，通过全流程的关键指标跟踪反映整体流程的有效性。对于不理想的业务情况或风险情况，可能是受到整体流程中多要素的影响，由于"大工厂"的集中式作业流程，便于对问题点和风险点寻根觅源，从而不断优化流程与策略。

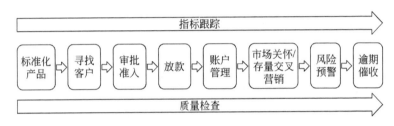

图3-2　信贷工厂作业流程

从资产管理和客户管理层面而言，信贷工厂的集中作业模式，使得各业务环节的管理策略统一在"大工厂"的环境下，便于实现整体流程运行、整体资产情况的跟踪，改变了固有的部门割裂、职能割裂的情况，使各业务环节的客户管理策略更容易协调一致，从而为总体的资产管理目标服务。同时，资产管理更具灵活性，由于整体流程受控，为了实现整体资产管理的质量目标或结构化目标，可以采取整体优化或局部优化的方式；又因为信贷工厂作业采取标准化、系统化、智能化的方式运行，通过调配系统策略参数，就能够保证绝大部分资产管理策略的执行到位。

总体而言，信贷工厂的优势可以概括为以下几个关键点。

1. 批发式经营

以个人为授信对象的消费贷款或小微企业贷款业务，面对的客户量巨大，适合批发式经营、批量化管理。同时该细分信贷市场具有较为明显的马太效应，从事个人信贷的金融机构采取信贷工厂的运营模式来提高效率、占据市场，这也是市场竞争的要求。

信贷工厂模式采取标准化产品设计，考虑到了客户群的集群性特点，同时将营销模式从被动等待，变为了向特定的目标客户主动出击的方式，加之后端标准化流程的高效率，可在较短时间内快速提升业务规模。

业务运作模式上，由单件处理向批量处理转移。传统信贷审批模式下，对于每一个进件可能需要业务人员从头跟到尾，而批量化处理的模式下，信贷作业包装为定义好的流程模块，每个模块的负责人员专岗作业，业务端对端推进，各个环节的作业流程相对独立，互不影响，可同时受理多个申请。

2. 集约化管理

信贷工厂模式将主流程纳入总部集中管理，是管理集约化的一个重要表现。同时，由于标准化的业务流程和专岗专职的作业标准，提升了作业人员的专业性水平。加之有贯穿所有环节的统一质量控制，能够在保证提高作业质量的同时，有效提升作业效率，适应个人及小微企业贷款短、平、快、易的需求。

管理集约化与严格的质量管理和效果跟踪机制，降低了作业流程内的操作风险和作业人员道德风险。一方面，总部集中作业模式最大限度地隔离了业务员和客户之间的利益输送；另一方面，各作业流程一环扣一环紧密相连，处于流水线上的单个作业人员均无法根本性地左右审批结果。

3. 全流程风控

依托于集约化、自动化的处理流程，使得集中式的数据接入成为现实，多维度数据的交叉验证，为解决个人信贷或小微企业信贷领域信息收集困难提供了途径；从而降低信息不对称水平，实现对风险有效的识别和预防。基于自动化系统和标准化数据接入，实现进件流转规则、评分卡及审批策略等智能化部署，风险管理能力也得到了提高。

在流程上强化贷后管理，特别是非现场贷后管理。以集中的非现场预警监测为依托，强调持续跟踪、动态监测与实时预警。针对标准化产品和对应客户群特征展开分析，实现风险特征和行为模式的识别，在 IT 系统上部署基于交易行为、资金流向等信息流监测的规则与策略，实现动态预警。同时，现场管理单位作为卫星车间，能够根据总部的预警信息和预警级别，展开对应基本的实地管理工作。总分配合，全面管理贷后风险。

对于逾期清收采取集中管理，发挥规模效应。总部集中资产质量管理与催收管理，平衡了地区间的管理能力差异，同时发挥规模化功效，有利于撬动委外催收机构、担保公司、保险公司、资产管理公司等外部资源，有效降低逾期损失。

四、标准化与差异化的结合

信贷工厂最为突出的特征就是标准化，但标准化不代表消灭特殊、拉平差异，实际上信贷工厂模式之所以能够随着时代的发展和市场环境的变迁而长青不衰，就是因为该模式下需要具备将"如何处理差异"本身也标准化地纳入管理流程之中。这种能力体现在：

（1）基于自动化策略的智能核心。信贷工厂的智能核心在于评分卡和管理策略，风险管理政策导向反映在评分卡和相应的策略上，而评分卡、流转规则和策略决策落地于 IT 系统之上，支持了信贷工厂的自动化、标准化运行。正因为有此支持，方能够实现复合的标准化流程。即基于数据分析和市场调研的结果，针对不同地区、不同行业、不同客户群，制定不同的标准化产品，其后台采用针对性的流转流程、审核标准、评分卡及策略。对于借款客户来说，面对的是信贷工厂的同一入口。而信贷工厂基于对客户的识别，自动将该笔申请及借款人打上对应的标签，进入不同的"流水线"执行后台操作，个性化地支撑细化客户群体的需求。

（2）全流程的监测。信贷工厂运转非常重要的支撑是全流程的监测跟踪体系。监测体系既关注每个环节的关键指标，又有贯穿全流程的核心监控指标。每一项指标都像体检报告中的检查项一样反映着信贷工厂这台复杂机器的健康程度，而每一项指标的异常波动都能够较为容易地追溯到对其产生影响的问题环节。根据这些跟踪监测的结果，信贷工厂能够自发地反馈现有标准化流程中的不足，进一步细分并差异化对待客户群体。

（3）不断学习和测试的过程。信贷工厂本身集约化的管理，可以支持策略的细分与调整。对于新增的差异化客户群，完全可以采取小范围实验的方式，研发出一条新的"流水线"运营模式；或改变原有"流水线"上某一点的操作或决策过程，将试点效果与原有效果进行比较分析，从而确定差异化定位的准确性，并跟踪策略的有效性，将局部的变化提升为整体的知识。在不断跟踪、学习和实验的基础上，持续优化整个管理过程。

五、"互联网"信贷工厂

依靠标准化操作、工厂化流程、集中式数据整合、评级模型及策略的自动决策以及全面系统化处理,信贷工厂在显著提高作业效率的同时,满足了个人消费群体及小微企业主群体的融资服务需求,同时也为更为有效、智能的内部风险管理决策提供了条件。

在新的发展机遇下,信贷工厂与互联网不断结合,逐渐形成了新型的信贷工厂,即互联网信贷工厂。互联网信贷工厂继承了原有信贷工厂的作业优势,同时也展现出自己的特点。

首先,互联网信贷工厂的"卫星车间"正在逐渐消失。这里所说的"卫星车间"指承接与客户直接接触的管理末端工作的机构,"卫星车间"模块的职能是以现场管理方式接触客户、服务客户和管理客户。随着互联网与移动技术的不断发展,触达客户的方式发生了翻天覆地的变化,多元化的触及方式使得在地理上接近客户的分支机构的必要性越来越低。就获客一端而言,越来越多的电话销售、网络申请、移动设备客户端软件,替代了上门营销的客户经理。获客的管理过程集成在"主工厂"的业务流程之内,总部直接接触客户和市场,更为直接地获取到客户相关的数据和信息。例如,客户服务中心的电话记录,呼入的电话号码,申请的时间、速度、内容等信息,通过"主工厂"将这些更多维度上获取到的信息进行整合、挖掘,为后台的风险管理提供更多的支持。从存量及贷后管理方面而言,"卫星车间"的消失并不代表已获得贷款的客户不再得到关注,依托于移动技术与互联网,金融机构反而对存量客户的服务变得更为立体。例如,微信、微博、短信等,这种和客户的黏合潜移默化,但又无处不在。一方面在客户需要的时候提供更为快速的服务;另一方面主动出手,为客户想在前面。从风险角度而言,多维度客户信息使得金融机构可以及时发现借款人可能存在的问题，对于存量高风险的客户，还款提醒、早期催收、提前止损的动作就会及时到位。

其次，在互联网信贷工厂模式下，外部信息的输入发生了非常巨大的变化。传统信贷工厂模式下，对信息收集进行了标准化的处理，并基于客户群特征进行了"软信息"交叉验证的优化。但在互联网时代，信息扑面而来，如何从中剔除杂音，挑选出有效信息，并将这些信息应用在评分卡、流转规则、管理策略之中，是互联网信贷工厂的重大挑战。外部输入信息的范围变广、来源增多，数据量巨大，且数据形态多样，再加上变化频率的实时化，将推动信贷工厂数据处理、数据分析、模型开发、策略应用和信息技术方面的一系列重大变革。

第二节 审批自动化车间

个人信贷业务量巨大，借款客户的实际资金需求又呈现快、急、频的特点，因此审批自动化是金融机构追求效率的选择。而在审批自动化的过程中，金融机构又将客观性的优点发挥出来，满足了风险管理政策执行一致性、连贯性的要求。

贷款申请的自动化审批，似乎天然就要与信贷工厂结合在一起。信贷工厂智能决策的过程是审批自动化的土壤。因此，现有的自动化审批多植根于信贷工厂之中，成为信贷工厂中的"审批子车间"。

信贷工厂的特征是标准化和流水线作业，流水线上的各个工种和岗位职能可以被拆分成一个个更小的模块。这种拆分不但为岗位专业化和效率的提升打下了基础，更是实现差异化的流程集成的重要条件。这种模块化加集成的方式，使得审批作业流水线上的各个小模块可以像乐高玩具一样重新组合，以适应不同管理流程和管理策略的要求。

如图3-3所示，审批这条"流水线"可定义为六个模块，包括申请信息制备、外部信息采集、政策规则校验、电话核实、评分卡运行、审批结果自动得出。如果最初这六个模块依据上述顺序串联执行，通过对审批过程的监控，发现某一渠道进入的客户群资质较差，审批通过率较低，而考虑到查询外部信息需要机构付出相应的查询成本，为了控制运营成本，同时降低系统运行压力，避免后续环节的资源浪费，可以将"政策规则校验"模块前移，在客户提交申请信息后，直接对其进行政策判断，对于不符合基本准入要求的客户则直接跳转至"审批结果得出"的环节，即直接拒绝，省略之后流程环节，在此细分类别上提高运营效率。同时，这种"积木"的拼拆组合不但体现在作业流程的顺序前后调整上，还能够采取串并联方式进一步提升效率。比如，将"外部信息采集"、"政策规则校验"和"电话核实"三个模块并行处理，等待三个模块的结果均返回后，再进入评分卡打分和决策的环节，可有效提升审批过程的处理效率。

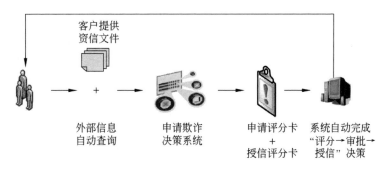

图3-3 信贷工厂流水线

第三节　体验式审批

在客户准入阶段，越发强调客户体验，这是激烈的市场竞争所决定的。越是优质客户，为此争夺的金融机构就越多，谁能够提供更符合客户需求甚至是超出客户预期的产品和服务，谁就更有可能赢得客户。提升客户体验表现在简便的贷款申请流程、快速的贷款结果反馈、公平透明的贷款申请受理过程等多个方面。要实现上述客户体验，需要以丰富的信息获取和快速的信息传输为基础，通过自动决策的计量体系和信息技术体系作为保障。

一、实时审批

常见的自动化审批，从申请信息获取开始，经过外部数据接入、比对、规则判断、信用调查、模型及策略计算，到最后给出审批结论，有全流程的系统支持。从风险管理策略的角度出发，可设置不同的流转规则，控制人工介入的条件和比例。因此，根据不同策略部署的差异，一般情况下自动化审批整个流程所需时间可能在2~5个工作日。因此，缩短审批时间，甚至达到实时审批的效率，需要在两个方向上努力：一是完善策略部署，降低人工干预的必要性；二是提高非人工环节运行效率。基于上述环节的优化与改善，审批的效率可提升至小时以内。

对于前者而言，简单地说，就是让数据、模型和策略更多地替代人工判断的过程。在一般自动化审批的过程中，人工干预痕迹较为明显的是信用调查，如以电话联系的方式触达客户，核实客户填报的申请信息的完整性和真实性。该业务环节的核心目的是核实客户填报的申请信息，保证完整性和真实性，同时排除伪冒欺诈,也就是通过人的作用,解决尽可能多的信息不对称的问题。在有效信息足够完备的情况下,第三方的客观数据可能对客户自报的信息进行校验或补充,而通过对人的行为特征追溯,也能在一定程度上识别伪冒申请的情况,因此可将此环节的人工干预降至最低。当然,需要说明的是,降低人工干预也并非全然排除人工环节,而是基于更优的策略安排,使系统和人工相辅相成,合力发挥风险管理的作用。

至于提高非人工环节的运行效率,也并非易事。在外部信息输入越来越多,互联网大数据应用更为广泛的今天,外部数据接入、大数据处理、模型及策略计算等环节的效率越来越受到诸多因素影响。虽然随着科学技术的发展,数据传输、处理的速度越来越快,但数据本身的复杂程度也越来越高。要提高系统决策的效率,除了要在信息技术上革新外,还要依赖于智能决策模型与策略的部署。举例而言,对于交易欺诈的防范,模型的效果和效率是同等重要的问题。又如申请欺诈的规则如何设计和部署,以提高系统运行效率,这些都对风险管理过程中的数据分析、处理与决策能力提出了更高的要求。

提供更为迅捷的服务,是金融机构在个人信贷市场竞争中的不懈追求。实时审批虽然能最大化地压缩申请到授信的时间,但并不适合所有的贷款情景。就像在电商竞争中,并非所有的客户都需要"次晨达"一样,信贷服务面对的客户核心需求也是差异化的,实时审批适用于某些业务场景,服务于对速度最为敏感的客户。

实时审批中的大数据应用

客户申请贷款时最关心：我需要准备什么申请材料？多久才能通过审批？贷款什么时候能够到账？为了提高客户满意度，赢得市场，金融机构在贷款申请审批上做文章，审批速度越来越快，申请材料越来越简化。一些小额个人信用贷款已经能够实现实时审批、即时到账，客户只要花几分钟填写借款申请，就可以迅速获得一笔贷款资金用于消费支出。

但读者心中难免存有疑问：在如此快速的贷款审批过程中，金融机构如何控制风险？通过大数据与自动化审批决策系统，金融机构尝试着去解决这些问题。

传统信贷模式下，金融机构对客户的资质评价多依赖于客户提供的申请材料。申请材料的简化并不意味着金融机构真的不需要更多的信息来评估申请人的风险，而是这些信息不再从申请人本人处获取，而是去寻求更多的第三方数据，从而实现对客户的信用风险、收益水平及真实性情况进行评估。这样做的好处有二：一是简化了客户所提供的材料，提升客户的体验；二是对于部分客户提供的材料，如果金融机构无法判断其真实性，索性不需要客户提供，通过其他渠道获取真实的数据将是更为有效的方式。这些第三方数据涵盖的范围非常广泛，可包括客户的贷款情况、逾期情况，刷卡流水，电商交易，户籍信息，工作信息，房屋、车辆等资产情况，兴趣爱好与交友圈子等。通过大数据的广泛搜集和实时传输，金融机构基于风险计量模型与IT系统支持，自动化地完成风险评估与风险决策的过程，获得了实时审批、实时放款的效率。

> 在实时审批过程中,计量模型是核心,大数据是根本,信息系统是载体,三者缺一不可。同时,大数据的不断输入,还为申请审批的评分模型及策略优化提供了数据支持。

二、审批前置

贷款审批时间从传统信贷员模式下的漫长等待,缩短到几天工夫,再缩短到支付瞬间。还能更短吗?可以的。审批流程可以在客户申请之前就已经完成,只需确认客户是否需要此项服务即可。

金融机构可以结合多方数据,提前对客户风险水平进行评估,并做出授信决策。以已经预审获批的客户名单,触达客户,完成申请过程,即可迅速地与客户建立业务关系。至此,审批与营销的过程已经很难分割了,审批前置的过程既是风险判断的过程,也是营销过程的一环。

预审批营销其实不是最近才出现的,很早在美国的信用卡市场就已采用预发卡的营销手段。信用卡公司根据征信局评分及其他数据,对目标客户进行筛选,匹配授信额度与价格,然后就将信用卡寄送至客户手上,如客户接受该项贷款,则直接激活使用卡片即可。

而当前的审批前置做得更为极致。一方面,金融机构在审批中使用的数据更为全面,从历史信用记录情况、日常收入支出水平,到互联网浏览行为、朋友圈好友类型,无所不包。另一方面,当前的审批前置结合了需求预测,不再仅关注客户是否符合风险准入的门槛,还更为关注受众客户群是否需要贷款,以便在恰当的时机送上融资服务。

三、零感知审批

假设一个场景，顾客在卖场购买家电产品，相中的商品价格超过预期，若全款买下，一时间钱包有点吃紧，要不只能退而求其次，选择便宜些但不够称心如意的商品，甚至顾客干脆扭头回家，不买了。对于部分客户来说，还真的需要一笔消费贷款来帮帮忙。

这时零感知审批就在这里起作用了。顾客只要签下借款协议，经过简短的信息核实，就可直接把自己心仪的商品搬回家了。在这个过程中，顾客其实已经完成了贷款申请，而金融机构也对应完成了审批和放款。

零感知审批过程具有如下几个显著特点。

一是有很强的贷款应用场景。这种审批过程通常与某个借款场景紧密相连，发生在客户支付过程中，而这个业务应用场景也从侧面传递出借款客户的资金用途信息，保证了资金使用的真实性，从而成为辅助了解客户资质的途径。

二是申请、批核、放款、交易无缝连接。在通常意义的实时审批之上更进一步，将放款和完成交易的过程也集成在一起，让借款人对购物环节中增添了贷款申请没有明显感知，贷款审批和款项拨付完全与借款人的支付动作合为一体。同时，这种无缝连接还经常伴随着定向支付，更进一步地帮助金融机构管理资金流向，确认资金用途。

三是注重商圈服务体验。在此模式下，销售、审批、交易的过程被整合在一起，从而成为一种展业的新型渠道。在这个交易过程中，客户、金融机构和商户三者均受益。商户甚至能够成为金融机构的"销售特派员",为了增加自己的销售收入,主动为客户推荐这种金融服务;而对于金融机构,满大街地找寻目标客户的过程,变为了维护商圈的过程,找到客户集中的商圈,就引入高质量的借款客户,同时还提升了客户体验,直接将销售和服务融为一体;从客户角度而言,便捷与实惠更是不言自明。

如今互联网已经融入了我们的生活,这种零感知的申请审批过程在互联网购物上有着更为广阔的应用空间。无论你是抱着计算机网上购物,还是用手机进行支付,都可以轻轻一点,便完成整个贷款申请、审批和购物的过程。而金融机构在获取业务量的同时,也服务了更广范围的客户,积累了更多维度的数据,提升了客户服务水平。

"获客+审批"的一体化

强调客户服务场景,使得金融企业的营销获客与贷款申请逐渐融为一体,申请审批也逐渐转化成为精益化营销过程中的一环。这源于对客户需求与客户特征的有效识别。大数据在其中发挥了重要作用。

现阶段互联网已经成为获取信息最便利的渠道,金融机构通过分析客户的交易行为、浏览行为、点击行为、搜索行为等信息,能够有效识别客户的需求,进而根据客户需求主动给客户推送相应的产品。通过对客户历史搜索的关键词和点击行为数据的深入挖掘,找到客户需求的关联模式,有效提高产品推送的营销成功率。

另外,互联网丰富的信息来源与快速更新的频率,能够反映出申请客户的隐藏风险点,对审批风险排除起着重要作用。

例如，通过互联网搜索申请资料中联系人的姓名和联系方式，就有可能关联出申请人的信息，有可能发现其身负债务，正被法院执行等。这些都可以作为审批判断的依据，成为信用风险计量模型非常好的补充。

大数据还能帮助金融机构对客户的风险和收益水平进行评估，从而完成审批过程。比如，电商交易数据、移动支付数据和银行卡流水数据，较为准确地反映客户的消费能力及经营情况，帮助金融机构对客户的风险、收益水平做出有效评估，符合金融机构准入策略的客户可直接进行"白名单"预审批营销。再结合客户的需求，精准投放营销力量，营销成功即是审批通过的过程。

依托于大数据的收集与存储,在获客与审批过程中,通过"信息输入→营销+审批→客户反馈+风险监测"的过程,可以不断调优营销与准入策略，在提高营销效率的同时，也提高了准入的风险管理水平。

四、移动审批

随着移动互联技术的发展，在审批的前端，申请过程也在悄悄发生变革。特别在《中华人民共和国电子签名法》正式颁布后，更是为网络申请扫清了法律上的障碍，基于移动技术的新型申请方式逐渐得到广泛应用。

越来越多的信用卡销售人员和保险销售人员，不再背着成堆的纸质申请表游走在大街小巷，而是改成人手一个 PAD（portable android device，平板电脑），用于展示、介绍和办理金融产品。用户申请已经从纸上直接迁移到了电子系统之中。不要小看这个小小的改变,绝不仅仅是借款申请的载体发生了变化,更对后端的审批处理流程产生了巨大影响。其一,实时的信息传递。传统纸质申请情况下,要实现后端信贷工厂的电子化作业,就要执行申请信息录入、申请材料扫描的过程,在应对大批量个人信贷申请时,该环节可能需要投入较大的人力和时间成本,从申请到审批的信息传递时间难以控制,多达几天或一个星期,而电子化申请就解决了这个问题。其二,更多的信息采集。纸质申请表经电子化录入后,虽然申请表信息项一个不缺,但是客户填写申请表的过程信息已经荡然无存。电子化申请收集了客户申请过程的数据,填写了多长时间、修改过哪些内容、在哪里填写的申请、在什么时间提交的申请,这些信息在风险识别的过程中可起到重要作用。其三,审批过程延伸至申请端。基于移动互联网络,直接可将政策判断及外部数据比对整合至申请过程中,客户虽然刚刚填报了姓名和身份证件信息,数据已经实时送去进行数据查询核实了,如不符合政策规则,客户甚至无须完成整个申请信息填写的过程,就可以得到审批反馈了。

如果说业务员拿着 PAD 到处走,还仅是电子化申请的初级阶段。那么,现在的电子化申请已经发展到客户自己变成销售员的程度。金融机构越来越多地提供网站申请入口和 APP 申请入口,将自己的贷款申请做到了网络中、手机上,也不再仅局限于自营网站或自研应用,而是与多种类型的机构合作,在购物网站、信用卡管理 APP、社交工具上到处都可以看到整合而入的个人贷款申请入口。借款客户主动申请已经成为占比越来越高的获客渠道。

有趣的是,随着新型的申请端口的广泛应用,很多以前为金融机构提供纸质借款合同邮寄、保管、影像化处理和信息录入的劳动密集型外包企业，都开始谋求转型，另寻生路了。这不得不说是互联网技术对整个行业业态的颠覆和改造。

第四节　反欺诈管理

欺诈是造成金融机构收入损失的重要原因之一。欺诈风险属于操作风险中的一类，但由于其发生的普遍性及一旦发生即带来损失的特征，欺诈风险经常作为相对独立的风险类型进行讨论。

风险管理重要的课题是解决信息不对称的问题，而欺诈行为的发生本身是由于信息不对称造成的。欺诈行为本身通常带有恶意，与无还款意愿相伴随，或与虚假的还款能力相关，使得金融机构对客户的风险水平进行误判，从而导致针对风险水平进行正确定价能力的缺乏，属于金融机构需要规避和控制的风险类型。

一、个人信贷欺诈风险误读

个人信贷业务通常具有单户授信金额较小的特点，看起来似乎并不受诈骗分子的青睐；同时，由于个人信贷分散化的特征，单户欺诈的发生似乎对总体业务影响并不大。这样的说法是存在一定误区的。个人信贷业务中欺诈风险愈演愈烈，有以下几种原因。

一是造假的低成本。现在的个人信贷风险管理多是采用大规模、远程作业的经营模式。由于在贷款申请端采用了互联网、移动设备APP等新渠道，有组织的中介欺诈利用信息技术可能几乎以零成本通过网络渠道进行多次"试验"，批量地制造虚假申请，使得个人信贷领域的欺诈现象越来越多。如何在非现场管理过程中实现反欺诈风险管理成为了防控欺诈的重点。

二是违约的低成本。由于信用体系的不完善，特别是很多金融机构没有接入征信系统，客户逾期违约记录对之后的生活、贷款、社会活动不会带来任何影响。同时由于单笔金额小，金融机构走法律途径解决问题的成本过高，间接地造成客户违约之后的法律约束弱。这些原因也使得欺诈行为时有发生。

三是"专业化"中介组织。个人信贷向大额消费和小微企业经营领域渗透，越来越多的个人信贷业务面对的主流客户群是生意人，小本经营的情况使得借款人本身就很难明确切割自己的个人消费和所经营商户的经营支出，因此在授信过程中，经常出现不严格限定资金使用范围的"COMBO（组合）贷款"，同时覆盖借款人的多项资金需求。在这种情况下，个人信贷的授信金额不再单单是支持日常消费的额度，授信金额的节节攀升也是一个不争的事实。在竞争激烈的细分市场中，授信额度有时成为了金融企业争夺市场的工具。单户授信的上升、批量造假的便利，都使得欺诈行为向着有组织的中介化方向发展，欺诈团伙协助借款人制作各种虚假申请资料。个人信贷领域面临的欺诈风险不再是单户损失，很多情况下会出现集中的、总金额较高的团伙欺诈风险损失。

二、欺诈类型

根据欺诈发生的主观故意程度，可分为严重欺诈和轻度欺诈。其中严重欺诈的主观恶意性强，是金融机构需要防控的重点欺诈事件。所谓严重欺诈，通常指以骗取贷款为最终目的，完全没有还款意愿的情况。欺诈行为在申请开始之前就已经开始预谋，即从一开始就没有打算偿还贷款。这类恶意欺诈申请的发生经常有中介机构的参与，甚至有的借款人自己就是被中介机构所骗，完全不清楚中介机构曾经以自己的名义向金融机构借款或不清楚实际借款金额。而恶意程度较轻的欺诈行为表现在，通常借款人虚构事实，以避免金融机构拒贷，或为获得更高的贷款额度，仍有可能在贷款批复后积极配合还款。但即使是主观恶意较轻的欺诈类型，对于金融机构来说仍承担了很高的风险。由于未能识别出欺诈行为，金融机构可能对借款人批复了不符合其偿付能力的授信，导致借款人无力偿还。

欺诈行为根据其发生的阶段，又可以大体区分为申请欺诈及交易欺诈两大类。其中申请欺诈包括提供虚假资质证明材料、提供虚报申请信息和伪冒他人名义申请三类；而交易欺诈发生在申请批复后的贷后阶段，包括虚假交易、伪冒交易和挪用借款资金三类。需要说明的是，即使在申请环节和贷后环节分别针对申请欺诈及交易欺诈进行管理，但仍不能排除漏网之鱼，因此反欺诈是全流程的风险管理工作，在贷后管理阶段仍要对申请端的欺诈案件进行不断的排查。

三、申请欺诈的管控

申请欺诈是指在申请贷款阶段，借款人通过提供虚假资质证明材料、虚报申请信息或伪冒他人名义申请等方式来骗取贷款。虽然申请欺诈主要发生在销售过程中，但是对于申请欺诈的风险控制是贯穿于销售、审批及贷后管理各业务环节的。

1. 销售环节反欺诈

在有营销人员参与的个人信贷模式下，销售是现场管理的关键环节。在销售的过程中,能够与客户进行直接接触,通过与客户面对面沟通、实地走访调查来了解客户申请意愿和申请信息的真实性。因此,很多金融机构对销售人员有"三亲"或"四亲"的工作要求,即亲见申请人、亲见申请人证件、亲见申请人在借款协议或申请表上签字和亲核申请人的单位。通过销售人员执行该环节的作业规范,可以防范伪冒申请或提供虚假工作信息的情况。另外,销售人员本身并不能决定客户的准入或授信额度,可采取总部集中审批的方式,令有审批权限的作业人员与客户隔离,这在一定程度上防止了外部欺诈人员和内部人员的合谋。而在没有销售人员参与的营销模式下,如网络申请、APP客户端主动发起的申请,申请欺诈的防范多是在审批环节进行的。

2. 审批环节反欺诈

在信贷工厂模式下,申请审批集中在总部的"主工厂"进行处理。"主工厂"作业通常采取非现场的方式核实申请真实性。这里的真实性核实有如下几个方面:一是核实申请人提供的申请表信息项的真实性,包括客户个人信息及联系方式的真实性,这样一方面,为贷后与借款人的持续互动打下基础;另一方面,申请信息项也是审批流程中评分卡的输入,为了保证对客户风险水平评估的正确性,需要确保相关信息项的完整、真实。二是核实申请人提供的申请资料的真实性,通常情况下借款人在申请阶段除了填报必要的申请信息外,还需要提供身份或资质证明材料作为申请附属信息,对于此类申请资料的真实性核实也是管理申请信息真实性的重要一环。三是核实借款人身份的真实性,即确认来申请贷款的客户是否真的是申请表中所填报的客户,防止伪冒真实身份的申请。

审批环节排查欺诈的核心在于发现"不符"情况。这种不符情况可能表现在资质证明材料与真实证明材料特征上的不符，也可能表现在客户提供信息与真实信息的不符，或可联申请人与填报的申请人身份的不符。上述三项不符分别对应了资料证明虚假、申请信息虚假和伪冒申请的三种情况。

上述三类"不符"的核实手段，主要来自于信息校验。这种信息校验、比对的范围是逐步扩展的，至少需要包含如下几个层次。

第一，客户填报信息的逻辑校验。客户填报信息包括其填写在申请表上的申报信息，以及提供的资质证明文件中的相关信息。欺诈客户由于编造了全部或部分信息，很有可能在自行申报的相关信息中存在不符合常理的情况，自填信息的逻辑校验中发现的问题点，通常作为客户核实的针对性手段。例如，客户自填信息中提供的职务为某国有大型企业的部门总经理，但本人年龄仅22岁，虽然不排除信息真实的可能性，但是具有较为明显不符合常理的地方，需要进一步核实和排查。

第二，客户填报的信息与金融机构自有信息的逻辑校验。这里所说的自有信息，通常指金融机构在历史业务过程中积累的数据信息。在申请阶段，将新申请客户信息与其他申请客户或其他已经准入客户的关键信息进行关联比对，是反欺诈的一个重要过程。例如，多个申请件中填报的单位电话均相同，但是对应的单位名称及单位地址各不相同，批量虚假申请的可能性很高。

第三，外部信息的对比校验。仅使用申请人自填信息与其核实，就像是在对方已经圈定的"考试范围"里出考题一样，只能针对欺诈分子"谎话说得不圆"的情况，无法有效排查欺诈风险。而金融机构自身积累的内部数据又相对有限，尤其是对新申请客户的覆盖程度较低。因此在申请欺诈的管理过程中，外部数据的重要性日益显著，依靠外部数据，金融机构才能利用一些欺诈分子不知道的信息进行"突然袭击",证实其真实性。外部信息的使用,一是可与客户自填信息进行交叉比对,核实客户提供信息的真实性;二是可以通过外部获取的联系方式触达客户;三是作为核实客户信息过程中的隐性信息使用。最为常见的外部信息就是征信报告,征信报告中记录了客户的信贷账户情况,同时还有客户的联系方式,部分征信报告中还包括社保信息项。金融机构可触达客户,根据征信报告社保缴费单位比对客户自填职业信息,还可在电话核实过程中核实客户在其他机构的信贷账户信息,以确定申请人身份的真实性。

电话核实是信贷工厂模式下集中审批环节较为常用的客户触达方式,但并非所有客户都需要电话核实。对于通过外部可信数据比对后就能确认的欺诈情况,已经无须与欺诈申请人再次联系,可由系统直接执行拒贷动作。另外,电话核实通常是联系申请人本人,但与申请人填报的联系人以及非自填的其他相关人进行相关信息核实也是重要鉴别手段,通过各方信息的交叉验证以核实申请信息和申请人身份的真实性。

3. 贷后管理环节反欺诈

在贷款发放后,仍需要对申请欺诈进行持续排查。其一,申请阶段无法确保100%排除欺诈,个别申请欺诈到贷后管理阶段方能发现;其二,随着金融机构数据的不断积累,会从其他新申请上发现欺诈风险点,关联出已经批核的客户。基于此,申请欺诈的排除不能仅限于审批阶段,在存量管理及逾期清收的过程中,均需要继续对申请欺诈进行排查,总结欺诈模式,反馈到销售和审批端。

此阶段欺诈案例的识别可通过两种方式:一是违约情况观察,比如是否发生早期逾期、连续多期不偿还欠款、距贷款申请时间较短即发生联系方式失效等情况,上述特征均反映出客户的违约行为疑似恶意,通常与申请欺诈相关联。二是信息关联排查,如排查存量客户中是否有与新增的黑名单数据匹配者,需要对其进行补充调查,确认申请信息和申请人身份的真实性。总体而言,贷后环节由于贷款已经发放,此阶段再发现申请欺诈,已经较难挽回损失,属于事后甄别。对于发放的贷款承诺,可能存在客户尚未支取授信额度的情况,如信用卡的持卡人尚未持卡交易,如果此时发现了申请欺诈,尚能够及时止损。

四、交易欺诈的管控

交易欺诈表现为资金挪用、虚假交易和账户接管几种方式。资金挪用是指对于指定用途的个人贷款,借款人将所借款项用于非约定用途。由于授信时考虑了资金用途,因此贷款金额的挪用会使得借出款项处于不可控的境地,也不利于金融机构对借款人的贷后监控与管理。虚假交易包括借款个人的虚假交易以及商户的虚假交易,特别常见于信用卡等循环授信产品的使用中,通过伪造交易进行套现是较为常见的银行卡虚假交易类型。账户接管则出现在信用授信额度的实际使用人与贷款申请人不一致的情况。

交易欺诈的管控重点在于放款、交易和还款的三个环节之中。

1. 放款环节反欺诈

放款环节是防止账户接管和资金挪用的重要步骤。向申请人的指定账户进行资金划转,并要求账户户主与申请人身份一致,是防止资金被他人使用的基本要求。另外,为了防止资金挪用,在资金划转环节采取定向支付的方式也是较为常用的反欺诈管理手段。例如，客户出于进货目的拆借资金，在申请过程中金融机构就要求客户事先提供上游供货商的相应账号，一方面可在审批阶段为金融机构提供核实信息源；另一方面在放款阶段，仅允许向事先约定的账号进行资金划拨，可避免借款资金挪用。

这里需要特别提及的是信用卡授信产品。由于授信是依附于信用卡卡片这个载体，而常见的卡片交付过程又是通过邮寄，因此对于授信载体有没有准确递送到申请人本人手中，通常也是放款时防范账户接管的重要监控环节。曾经发生过一起欺诈的案例，多名申请人通过中介机构办理信用卡，申请人本身提供的申请信息及申请资料均是真实的，但由于中介机构获取到申请人的个人详细信息，在信用卡获批后通过修改卡片邮寄地址的方式，将申请人的信用卡全都集中到了自己手中，最终导致信用卡授信被中介机构占用。

2. 交易环节反欺诈

通常仅有个人循环授信才涉及交易问题，最典型的案例就是信用卡产品。对于类似的个人信贷产品，客户获得的是在一定期限内的贷款承诺，可以部分或全额支取，并在有限期范围内循环使用。客户随时支取额度的过程就是交易的过程。交易环节为金融机构提供了更多可观察的客户行为，也为欺诈风险的识别提供了丰富手段。

对于频繁交易的个人信贷产品，通常金融机构会进行交易的监控管理，对每笔交易进行实时或准实时的监控，并对疑似欺诈交易进行预警。交易欺诈的过程通常反映出虚假交易和账户接管类的欺诈。仍以信用卡授信为例，出现卡片被他人使用、卡片信息被盗录等情况，这些都是非本人使用授信的情况；而随着互联网支付的发展，越来越多的支付行为是难以追踪实体的，互联网虚假交易的情况越发严重。

3. 还款环节反欺诈

借款人正常还款，是不是说明就不存在欺诈情况？也不尽然，有部分欺诈以套取资金为目的，但可能仍会正常还款。其危害性在于金融机构未能对借款人的真实资质水平或资金的真实用途进行评估，使得实际风险水平超出金融机构的评估水平。尽管短期内借款人尚可能正常还款，但出现逾期损失的可能性非常高。因此，在贷后交易环节，资金的流向应该被纳入交易监控的内容。

举一个较为典型的案例，在供应链融资的业务中，供应链核心企业的下游经销商从金融机构获得资金，用途是从核心企业进货。通过还款监控，发现多个经销商的还款资金均来自同一个账户，而此账户的户主为核心企业员工，也就是说核心企业在代替其下游经销商还款。通过外围调查，最终确认此案例属于账户接管型的欺诈，身为借款人的经销商并未拿到这笔借款，而是核心企业占据并使用了这笔资金，因此才出现代还款的情况。

五、反欺诈的新问题

创新的获客模式下，欺诈手段也在不断刷新，同时创新业务模式也使得过去一些有效的反欺诈管理手段在逐渐失去作用，个人信贷的欺诈风险发生的可能性在不断上升。

1. 不再有"现场"

如前所述，销售环节是在客户准入前的唯一现场管理，可以要求销售人员通过一系列的"规定动作"，达到会真人、见真地儿的现场真实性核实目的。但在各种创新模式下，客户准入的过程不再局限于实地现场的面对面营销，而是越来越多地采取远程的获客方式，通过互联网与移动终端，让从未谋面的客户直接进入到审批环节，在便捷客户、提高效率的同时，也使得金融机构无法再依靠传统的现场管理模式把控欺诈风险。

2. 不再有附加申请材料

为了便捷贷款申请手续，如今的申请材料更加精简。实际上无论是填写申请信息，还是提供附加材料，本身都是在收集客户信息，以减少贷款过程中的信息不对称。客户提供的信息和申请材料越少，金融机构就越是需要从其他途径获取到更多的信息来解决真实性核实与风险评估的问题。精简进件材料本身并不是问题，核心问题是如何能在便捷客户的同时，仍然有足够的信息获取，为真实性核实提供手段，而不是以牺牲风险作为业务发展的代价。

3. 资金接管与虚假交易情况日益严重

互联网已经织成了一张无形的网络，原本只能在现实生活中实现的事情，如今在网络上均能办成，并且还发展出很多无实体的购买和支付行为，比如之前在淘宝网上红极一时的"买人品"，一元一份，无实体发货，也瞬间吸引了多人购买。互联网上各种看不见、摸不着、跨区域的产品与支付类型，使得资金的使用越来越难监控。网络诈骗、钓鱼网站等层出不穷，使得客户的账户信息极易被别有用心的人盗用并接管，通过网商平台制造的虚假交易更是层出不穷。

4. 电子申请的无成本"试验"

互联网、平板电脑及手机客户端等电子申请通道，为客户申请提供了便利，其自助性的特征，却使得欺诈分子几乎可以无成本地在申请入口上进行反复多次的试验。一方面，欺诈人员采取"广撒网"的试验能提高骗贷成功的概率以及获得更多的资金。欺诈人员在反复的尝试过程中，也会对金融机构设置的反欺诈防线进行试探，寻找突破口，一旦发现漏洞，就可以短时间内复制大量的欺诈进件。特别是在远程电子申请的方式下，金融机构即使发现欺诈案件，也难以追溯实际欺诈人到底是谁，欺诈的违法成本变得很低，很多欺诈人员的手段被揭露后，他们不过是换个马甲，然后再去骗别家而已。另一方面，电子申请过程中的信息伪造便易程度也提高了，各类身份信息和资质证明材料均为复制件或扫描件，无须提供实物原件，自然伪造材料的难度降低了，文件的真伪更难区分了。

六、反欺诈的新思路

尽管互联网所引发的个人信贷业务模式变革带来了很多新问题，但是它也为金融机构带来了更多解决问题的新方法与新工具。

1. 用互联网描述你

2014年10月23日，一名男子在光天化日之下，手持斧头在美国纽约街头袭击4名警察，造成其中2人受伤，犯罪嫌疑人扎勒·汤普森在袭警事件中被击毙。纽约警方在次日的记者会上将此次事件定义为恐怖袭击，并称该名犯罪嫌疑人是"独狼"式恐怖袭击者，与有组织的恐怖袭击没有关系。

为什么警方能够在不到一天的时间内对该名犯罪嫌疑人及其行动做出以上判断呢？这源于美国完备的个人履历记录以及互联网信息获取。根据其个人履历，该犯罪嫌疑人曾在海军服役，后因不端行为遭开除，曾经因为家庭暴力被拘捕6次。也就是说这个人有一份不太光彩的信用记录。而互联网又能告诉我们什么呢？美国设立了专门监控极端组织互联网活动的"搜索国际恐怖组织研究所",通过互联网信息的追踪,他们了解到犯罪嫌疑人曾在社交媒体发布大量反西方、反社会的言论,他的浏览及搜索记录显示其关注极端主义组织,还曾在网站上分享极端武装组织"伊斯兰国"的视频,这种行为具有极端宗教主义特征;但是他的社交网络中并未发现极端组织成员,他在互联网上的生活轨迹并未显示其与极端组织有过实质性接触,因此该名犯罪嫌疑人仅是一匹"独狼",并未参与有组织的犯罪网络。

上述信息追溯的过程体现出,使用互联网信息,包括互联网浏览行为、搜索记录、社交媒体,可以描述出一个人的文化层次、生活圈子、职业情况和偿付能力,对客户的评价不再局限于征信报告中所体现的历史信贷记录,更多更广的数据已经应用在风险管理中。网络世界虽然虚拟,但不意味着虚假,人在网络上的行为有时反而更为真实。特别是在反欺诈的领域,互联网上能够获取到的信息更为丰富,能够为交叉验证提供更多素材。

某家金融机构对网络申请进行研究的过程中发现,被识别出的欺诈申请客户集中呈现一个较为显著的特征,即在72%的欺诈案例中,申请人在近12个月内未在国内主流网站上留下浏览记录。互联网浏览记录与欺诈行为本身并没有直接因果关系,但从关联角度分析,一个从不上网的人,突然通过网络渠道申请了一笔金融贷款,非常不合常理。这只是互联网信息在识别与管控欺诈风险方面的一个小小应用。

2. 线上+线下信息应用

反欺诈形式多样,单独使用互联网信息并不能全面地刻画客户特征。线上+线下数据、跨平台数据、多维度信息综合在一起才能发挥更大的作用。

在这点上,电商平台出身的大型互联网公司比传统金融机构走得更快一步。由于平台上可汇集客户的信息流、资金流和物流信息，即"三流合一"，因此大型互联网公司具备数据深层价值挖掘的先天优势。现在，很多机构都在自己所擅长的领域加固自身的信息优势，采取客户授权的方式，从个人电脑端、平板电脑端、手机端抓取各类信息，包括客户身份信息、个人社交网络信息、互联网浏览记录、金融账户的收支记录、物流数据体现的地址与库存信息等。在这些基础信息之上，可推演更多的数据，来刻画客户的财务情况、兴趣爱好、支付习惯和社会关系，从中获取更为真实的客户画像。

3. 非现场的"现场"调查

移动互联技术使得无论人与人的物理距离有多遥远，都可以通过一台计算机、一部手机，直接将距离拉到最近。创新申请入口减少了金融机构的实地参与过程，但是也为它们提供了更多远程调查手段。

在网络申请中，可以通过嵌入远程视频信息核实的环节，直接与申请人"面对面"，确认身份；通过一段视频、一组照片，确认其供职场所、经营地点的实际情况，即使足不出户，也能"实地"调查。

随着技术水平的不断提高，客户自己手持手机，通过 APP 软件即可便利地获取贷款。在申请过程中，嵌入手持手机拍照的过程，将自己的面孔与身份证件放置于指定的方框内，方可通过该步骤。而方框内截取的图像，可在后台通过人脸识别技术，匹配申请人与所持证件的一致性。上述一系列"非现场"反欺诈方法，也是创新模式所带来的新的解决方案。

4. "傻瓜"式反欺诈调查

在信贷工厂模式下，集约化的管理过程提高了系统智能化决策的可能性。各类信息采集与对比校验的过程完全可以让系统自动进行，并根据事先部署好的反欺诈规则和策略自动执行必要的拒贷动作。无法确定、尚需核实的案件，在审批端采用定制化问题，由作业人员执行反欺诈调查。这种定制化体现在方方面面，可根据欺诈情况的不同，采用不同的流转规则和不同技能等级的调查；可根据外部信息匹配的情况，对电话核实人员拨打电话的顺序、拨打电话的时间提出明确要求，或通过外部信息归集和处理，直接提供第三方的电话联系方式进行拨打核打；在电话核实过程中，有针对性地设计需客户回答的问题，调查人员依据系统提示询问并记录结果，系统就可给出是否欺诈的决策判断。这一系列动作都是由系统规则策略控制安排的，调查人员只需简单"傻瓜"式地执行，如操控"傻瓜"相机一样。这得益于外部数据的引入，以及评分卡对客户欺诈风险概率的衡量，实现精准到个人的反欺诈调查工具。

5. 中文信息处理工具

反欺诈的主要核心是信息比对和逻辑校验，而信息比对的过程离不开对文字的识别与校验。中文文本的特点使得这个过程较为复杂，需要具有文本解析、模糊归类、特征词汇识别等技术的工具，方能在保证运营效率的同时，处理好信息过滤与比对校验的过程。

举例而言，在识别地址同一性时，A客户提供的地址为"北京路22号4门"，B客户提供的地址为"北京路22-4号"，C客户提供的地址为"北京路22/4"，上述三个地址是否能够识别为同一地址，就需要看各家机构的数据处理能力了。

反欺诈的大数据应用

大数据在反欺诈风险管理方面已经有了初步应用。

第一，客户申请信息的真实性验证。信息的真实性核查经常依托于客户网络关联关系及逻辑对比，对于多项申请信息中不符合关联关系或逻辑的部分进行比对校验，可以排查欺诈风险。通过大数据的引入，金融机构有了更多的外部信息作为关联关系和逻辑比对的数据基础，更容易发现隐藏着的欺诈风险。例如，互联网大数据提供的位置服务，能够将客户填写的地址信息定位为地理位置坐标，并与客户常用物流地址位置坐标进行比对，如果发现客户提供了一个距离偏差过大的地址，则该地址信息存在虚假的可能性。另外，如客户申请贷款所填写的手机号，是否在其他人的社交、交易信息中出现过，是否被多次用来申请贷款等。

第二，申请人身份的真实性验证。在申请欺诈中，即使填写的申请信息是真实的，也难以避免身份冒用的情况。特别是在网络申请的背景下，金融机构很难获知互联网背后那个申请人的真实身份。利用大数据可以对申请人身份进行隐性信息的核实。例如，通过申请信息中的身份证号，就能够索引出该人的详细户籍信息，可在身份核实的过程中询问其户籍地或户籍信息中的亲属信息，而这些信息对于伪冒者来说是较难获知的。大数据在申请人隐性信息核实方面所起到的作用，可以有效排除身份伪冒欺诈。

第三，申请资质的真实性验证。恶意的申请人往往会隐瞒对其不利的事实，如较大数额的隐形负债、公司运营存在的问题，或等待处理的法院执行案件等。大数据的应用使得申请人对自身真实资质的掩饰无所遁形。通过连接公开的互联网信息，可以获取申请人的企业经营信息、法院执行信息；通过金融机构间共建的恶意信息共享机制，也能够获知申请人的隐形负债情况和历史恶意违约的记录；对于中介机构批量编造的"优质"申请人，也能够通过黑中介信息的共享进行有效防范。

在信息爆炸的时代，越来越多的数据和信息可通过互联网获取，公共机构信息的公开透明度在逐渐提高，金融行业内部的信息共享机制在不断完善，大数据的整合程度在不断加深。在自动化决策系统的支持下，庞大的数据量以前所未有的迅猛速度得到传输和处理，辅助金融系统做出快速决策，在反欺诈风险的管理过程中得到越来越广泛的应用。

第五节　客户准入的模型支持

客户引入管理是金融机构控制风险的第一道重要门槛，该阶段若能对客户进行很好的管理，会为存量和逾期阶段的客户管理带来很大的便利，因此金融机构对于客户引入管理非常重视。客户引入阶段主要解决两个问题：一是引入什么样的客户；二是如何授信。该阶段用于辨识客户资质的模型主要有申请风险模型、初始额度模型和申请欺诈模型。

一、申请风险模型

申请风险模型是金融机构最常用也是最重要的模型。申请风险模型通过客户多方面的属性来对客户资质进行综合评价，全面评估客户的风险，引入优质客户，优化金融机构的资产结构，同时为金融机构制定差异化客户管理策略提供依据。申请风险模型衡量的是客户的风险，目标变量由客户的逾期严重性来确定，表现期内逾期天数超过给定阈值的为坏客户，而没有逾期或者逾期程度较低的为好客户。

申请风险模型预测变量在很大程度上依赖于客户申请信息和信贷历史信息，如央行征信信息，主要从以下几方面进行考虑。

- 家庭；
- 工作；
- 资产负债；
- 学历；
- 信贷历史；
- 还款历史；
- 新信贷追求。

以上主要反映一般客户的信用风险特征。金融机构还会引入大量的第三方数据，增加客户风险评价的准确性，包括客户流水数据、网络交易行为、浏览行为、评价行为等。这些信息是对金融机构内部数据很好的补充。

申请风险模型主要在申请阶段应用，用于客户准入。客户准入申请评分的高低采取不同的策略。申请评分低的客户，风险较高，直接拒绝；申请评分在准入评分阈值附近的客户可以通过二次审批决定客户去留；评分较高的客户可直接通过。

大数据与传统数据结合建模

在申请阶段,客户还未与金融机构建立直接的业务往来,因此申请风险模型参与使用的变量很多属于静态的始点信息。静态信息在客户的风险预测方面所起到的作用,不如行为数据更为有效,这也影响了申请风险模型对好坏客户的区分能力。但大数据的引入改变了这一情况。由于大数据的引入,在申请阶段,金融机构就能够获知申请人的行为信息,从而可以部分地将这些行为数据纳入评分卡或准入策略中,提高申请风险模型的预测能力。

例如,在对供应链系统的下游经销商进行小微贷款风险评估的过程中,由于供应链系统已经记录了经销商的进货、付款、物流等多方面的信息,通过对这些行为数据的分析,构造具有风险辨识能力的变量,结合传统信贷数据构建预测模型,对商户未来的违约概率进行预测。金融机构所能够获取的行为数据已经突破了其自有的数据积累范畴,在申请阶段引入更多的客户行为信息,能够显著提高申请风险模型的预测能力。

当然,很多数据具有稀疏性的特点,并且相对比传统的金融信贷数据没有很强的风险区分能力。因此,传统的金融信贷数据仍是模型不可或缺的组成部分,只有将传统信贷数据与大数据结合应用,方能更好地实现预测目标。另外,大数据所提供的信息如何进入模型,与传统结构化数据一起应用,对风险计量技术也提出了更大挑战。

二、初始额度模型

对于通过利率定价类的贷款，金融机构在制定授信策略时主要是控制风险，防止出现过度授信，客户授信策略主要依赖于申请模型和客户收入负债的分析。对于信用卡产品而言，由于是循环授信产品，金融机构资源会向收益高的客户进行倾斜。因此信用卡的初始额度授信在考虑最接近客户需求和还款能力的同时，还会考虑客户的收益情况，额度资源向收益高的客户倾斜，从而提高金融机构的收益水平。故初始额度模型也可以认为是申请收益模型，反映客户的收益情况。

初始额度模型主要衡量客户的收益情况，由于信用卡的收益主要源于客户的循环利息、逾期利息、分期手续费，以下行为和特征可在一定程度上反映客户的收益。

- 客户属性；
- 逾期行为；
- 还款行为；
- 透支情况；
- 额度占用情况。

此外电商中的购买行为、分期行为，客户在互联网上的浏览行为、点击行为对于客户价值的判断也非常有帮助，习惯分期或是循环的客户一般收益率比较高。

初始额度模型主要用于解决客户的授信问题，通常和申请模型一起使用，它们分别反映了客户风险和收益，通过风险和收益的二维矩阵确定客户的授信。风险低、收益高的客户额度授信高，风险高、收益低的客户额度授信低，从而使金融机构的资源得到合理配置，提高金融机构的收益率。另外，额度授信策略还需要考虑另一个问题,即过度授信问题,初始额度在考虑风险和收益的同时,需结合客户的收入、负债情况,防止出现客户过度授信。

> **大数据对额度策略的影响**
>
> 大数据同样对初始授信模型及策略产生了重大影响。这源于大数据为金融机构在申请审批阶段就带来了更多的客户行为数据,使得金融机构能够更为全面、客观地评价客户的授信额度需求,从而优化现有初始额度策略。
>
> 通常授信策略会同时考量客户的风险和收益情况,从而确定其授信额度,但同样关键的客户需求因素,由于较难收集到相应的数据,并没有体现在授信额度策略中。在申请审批阶段,金融机构还未与客户建立直接业务关系,因此难以明确获知客户的日常支出水平,因此授信策略考虑的是客户的收入、负债、收益率等要素。但大数据为金融机构评估客户的授信需求提供了解决方案。金融机构可以在初始授信阶段就引入外部数据,如卡交易流水、互联网线上支付数据等,从中获取到客户的消费支出数据,进而较为准确地评估出客户的授信额度需求。虽然这些数据在很大程度上还是没有全面反映出客户的需求,但是通过引入部分大数据,仍然可以在授信策略中增补客户需求这一维度,优化初始额度策略。

三、申请欺诈模型

在申请阶段金融机构除关注信用风险外,对欺诈风险也非常重视。虽然欺诈客户的比例较小,但如果发生损失很难追回,对金融机构会造成很大损失。申请欺诈模型即通过客户申请信息来判断客户欺诈的可能性。

在申请阶段金融机构能够获取的信息主要是申请信息和央行征信信息，预测变量主要通过以下几方面来反映。

- 客户单位名称是否在征信的单位列表中；
- 客户家庭地址、单位地址是否在征信的地址列表中；
- 过去一段时间同一联系人、同一单位地址是否有多次进件；
- 申请人、单位是否曾经发生过欺诈进件。

由于央行征信的信息时效性和完备性均无法完全满足开发欺诈模型的需求，同时因为互联网创新模式在很大程度上依赖于互联网，互联网的相关数据对申请欺诈预测有很大的帮助：

- 同一 Cookie 或相近 IP 地址是否在短时间内频繁进件；
- 申请贷款的 Cookie 和 IP 地址是否为客户活跃使用的；
- 申请贷款地点离客户家庭住址和单位地址的距离；
- 客户以前的互联网行为是否活跃；
- 电商数据、浏览数据、电信运营商等也记录了大量的客户联系方式，均可以用来预测客户是否为欺诈客户。

申请欺诈模型应用于欺诈监测，排除欺诈客户。金融机构可按欺诈风险的高低采用不同的策略。对于欺诈得分很低，欺诈风险特别高的客户直接拒绝；对于得分较低的客户，可以进行二次审核，通过专业的反欺诈审批人员对客户进行调查，如果发现有欺诈嫌疑则对客户进行拒绝；对于欺诈得分较高的客户，欺诈风险较低，可抽样进行欺诈风险排查。申请欺诈模型通常和规则一起使用，欺诈规则可以增加欺诈监测的精准性，如金融机构利用积累的欺诈黑名单，拒绝有欺诈嫌疑的客户。

大数据在申请欺诈模型中的应用

移动传输技术与大数据的应用,为申请欺诈模型与策略提供了更多的信息。

以电子申请为例,销售人员通过PAD(平板电脑)为客户提供产品申请服务,不但便利了客户的申请,同时PAD本身就成为一个大数据采集及传输的有力工具。通过PAD,金融机构能够定位出客户的具体申请位置,与其申请信息中填写的地址信息或职业信息进行比对验证;通过PAD,金融机构能够收集客户填写申请的过程行为信息,如填写了多长时间、修改了几次、修改了哪些内容、是否有重复提交的情况等,而这些信息项都有可能成为申请欺诈模型的变量或申请欺诈策略的重要规则。

另外,大数据增补了欺诈模型和策略的考察范围,使欺诈甄别的视角从客户本身出发,延伸至更广的范围。可将客户的交友圈子、常用联系人信息等,也纳入金融机构欺诈排查的视野。如发现中介机构、同业销售或恶意违约人员的密切关联关系,就有必要触发反欺诈排查的策略规则,对客户的申请信息或申请资质的真实性进行排查。

第六节　金融征信服务

征信是指对企业、事业单位等组织的信用信息和个人的信用信息进行采集、整理、保存和加工,并为信息需求者提供信用报告、信用评分、信用评级等服务。金融征信是社会征信体系的一个重要子领域，主要用来解决信贷市场信息不对称的问题。金融征信体系包含着信用信息的记录、采集和披露机制，以及征信机构、市场安排和监管体制等多个方面。金融征信市场的健康发展，有利于金融机构控制不良资产，促进金融市场的健康发展。

一、国内征信行业发展历程

1988年3月，中国人民银行批准成立了第一家信用评级公司——上海远东资信评级有限公司，标志着我国资信评级企业的诞生。1992年，中国第一家从事企业资信调查的民营企业——北京新华信国际信息资讯有限公司成立。此后一批专业信用调查机构相继成立，逐步形成了我国征信行业的雏形。在此阶段，征信机构的调查对象多为企业，个人征信业务尚未形成。

伴随着中国经济的高速发展，资本市场活跃，银行信贷规模不断扩大，市场对征信的需求不断扩大；伴随着国外资本及国外评级机构进入中国，国内征信行业也快速发展起来，民营征信企业异常活跃。

经中国人民银行批准，上海市开始进行个人征信试点，1999年上海资信有限公司成立，从事个人征信与企业征信服务。同年年底，银行信贷登记咨询系统开始上线运行。2002年，银行信贷登记咨询系统建成地、省、总行三级数据库，实现了全国联网查询。同年，鹏元资信评估有限公司自主开发的深圳市个人信用征信及评级系统试运行，开始向各商业银行提供个人信用报告查询服务，上海、深圳等区域性征信试点的成功对我国征信行业的发展起到重要作用。

2003年，国务院赋予了人民银行"管理信贷征信业，推动建立社会信用体系"的管理职责，批准设立了征信管理局，负责信贷征信管理工作。2004年人民银行建立个人信用基础数据库并开始试运行，2005年银行信贷登记咨询系统升级为全国统一的企业信用信息基础数据库。个人信用基础数据库和企业信用信息基础数据库的建立是我国征信体系最重要的里程碑，对于金融行业的风险管理与信贷决策产生了重要影响。

2012年12月国务院第228次常务会议通过了历时10年的《征信业管理条例》，该条例自2013年3月开始正式实施。中国征信业步入了有法可依的发展新阶段。

二、国内外征信环境比较

1. 法律基础

由于各国的法律传统不同，征信市场主体模式不同，各国的征信立法有较大差距。从立法模式上来看，征信立法主要有专门立法和分散性立法两种模式。美国是专门立法模式的典型代表，1970年美国制定了世界上第一部专门针对个人信用报告业务的法律《公平信用报告法》；欧洲国家大多数采用分散性立法的模式，没有专门的征信立法，采取综合立法形式对征信业进行规范。从立法的出发点来看，欧洲国家实施严格的保护模式，强调个人隐私保护；美国实施平衡保护，更注重征信市场效率，强调正确的信用报告和公平的征信方式。

我国的征信行业发展起步较晚，征信管理的相关法律建设比较落后。早期的征信管理以各地区颁布的规定、通知为管理规范，区域之间的管理办法不统一。以2013年3月开始正式实施的《征信管理条例》为标志，国内征信业有了统一的管理依据，该条例对征信机构设立、征信业务规则、信息主体权益、金融信息基础数据库应用规范、法律责任等进行了规定。《征信管理条例》属于行政法规级别，法律层级相对较低，征信行业的法律体系尚在不断完善的过程中。

2. 征信机构主体

根据征信机构的性质区分，征信机构可划分为公共征信机构与私营征信机构两大类，其中美国是私营征信的典型代表，欧洲国家则以公共征信机构为主。

公共征信机构主要由国家或政府投资组建，以行政机构的形式存在。征信机构的工作以金融监管为主要目的，强制性要求金融机构报送信用数据，同时有着严格的查询授权管理，仅限参加报送信息的金融机构可查询信用数据。征信机构提供的征信产品相对单一，但收费较低。另外，很多发展中国家的征信行业都是以公共征信机构为主体的，由于在这些国家或地区征信行业尚处于发展初期，通过政府主导的方式，依托于公共征信机构将更好地推动本国征信市场的快速发展。

私营征信机构则是由市场驱动产生以营利为目的的企业，由私人部门投资组建，其征信数据来源于合作企业，获取数据需要向合作企业支付一定的成本。私人征信机构通过将数据汇总、加工、转化后，形成多元化的征信产品，服务于金融机构等信用数据需求方。私人征信机构相对于公共征信机构，市场化色彩更浓，其信息收集范围更广，产品更加丰富，征信产品可根据需求方的要求进行差异化的设计与定制，服务于更为广泛的市场用户，但是如果缺乏有效的市场监管，容易造成个人信息的滥用。另外，也有以行业协会形式存在的私人征信机构。以日本为例，日本征信市场上个人信用信息中心、日本信用信息中心和信用信息中心三家征信机构形成了"三足鼎立"的市场格局，而这三家私人征信机构就是分别由日本银行协会、日本信用信息中心联合会、日本消费者信用协会成立。行业协会性质的私人部门组建的征信机构，主要为其会员提供征信服务，不以营利为目的。

3. 监管模式

征信机构监管主要分为多元监管和专业监管两类模式。

多元监管指未设立负责征信业监管的专门部门，而是以法律为基础，由相关法律对应的主管部门在其相应的职权范围内发挥对行业的监管功能。例如，美国就是典型的多元监管模式。美国的征信监管部门主要分为两类：一是金融相关的政府部门，主要包括财政部货币监理局、联邦储备系统和联邦储备保险公司，主要负责监管金融机构的授信业务。二是非金融相关的政府部门，主要包括司法部、联邦贸易委员会和国家信用联盟总局等，负责规范征信业和商账追收业。联邦贸易委员会是美国监督管理的主要部门，负责征信法律的执行和权威解释，推动相关的立法等。多元监管模式要求经济社会具备较为完善的征信法律体系，征信机构开展业务的各个环节均有法可依。

专业监管则指设立了专门的征信行业监管部门，对征信机构的运作及数据保护进行监督和管理。欧洲国家通常采取这种监管模式。例如，德国、法国、意大利都是由中央银行主导管理征信业，英国则是由独立的公共行政部门——信息专员署负责征信业管理。

三、国内征信机构主要类型

随着我国经济持续快速发展，金融及商业领域对信用信息的需求日益增长。社会公众的信用意识不断增强，为征信业发展提供了良好的社会环境。特别是随着近年来互联网金融的兴起，金融市场对个人征信信息的需求更加强烈。这都使国内的征信市场具有很大的发展空间。同时，政府鼓励私人企业进入征信行业，各家企业也都将目光投向征信市场，渴望在这个领域一展拳脚。在国内以中国人民银行征信中心为核心的征信体系内，有很多的私人企业进入到征信领域，提供各类征信产品和服务。各家机构的优势各有千秋，服务的领域各不相同。

1. 服务型机构

服务型机构以提供信用评估、信用咨询服务为主要内容，它们可以根据金融信贷机构的具体要求，采集考察对象的信用数据，分析、评估考察对象的信用水平。服务型机构通常自身并不具备显著的数据优势，但具有专业的风险评估能力，能够收集到金融机构所需要的信息，并依托专业能力，对考察客体进行风险评估。

此类征信机构在过去多为金融机构提供大中型企业风险评估服务，在互联网金融的发展过程中，它们焕发出了新的生机。互联网贷款缺乏现场管理环节，在数据不足的情况下，面临着更为严峻的欺诈风险，以及资质评估无效所产生的信用风险。服务型机构通过提供实地调查服务，按照金融机构的要求收集信息，并排查欺诈风险，最后生成风险评估报告，或提供风险评级服务，为金融机构的贷款决策提供支持。

中国有着大量的个体及小微企业，因为它们缺少抵押物和规范的财务报表，金融机构很难通过获取传统资信信息对它们进行风险评估，导致小微企业贷款困难。小微企业贷款这个广阔的市场又蕴含着巨大的商机，这就给服务型征信机构和金融机构的合作带来很好的契合点。服务型征信机构通过实地调查,综合多方信息,对小微企业进行较全面、准确的风险评估,为金融机构提供服务。

2. 数据型机构

数据型机构通过收集数据,并进行加工、整合、转换、挖掘,为金融机构提供信用评估报告和信用评分等服务。

国内最为典型的数据型征信机构是中国人民银行征信中心。征信中心从国内各家金融机构采集客户的贷款信息、客户信息,同时还收集法院执行、电信缴费等公共信息,进行采集、整理和加工,为有权限的金融机构提供查询服务。征信中心最核心的数据是客户的贷款明细和客户信息,这些信息对于客户的风险评估有着非常重要的意义。

随着互联网大数据的应用越发广泛,有越来越多的企业加入到数据征信的行列中来。这些机构强调大数据的采集与挖掘,通常并不提供原始明细数据的查询服务,而是强调挖掘原始数据背后的特征与规律,为金融机构提供客户特征与资质评估。例如,通过采集个人在互联网上的浏览记录、交易行为、社交圈等相关信息,能够获知用户经常关注哪些方面的新闻,购买何种类型的产品,拿着手机都去过什么地方,经常社交的圈子都是哪些职业的人群,从而对客户进行全面的描画,挖掘其兴趣、爱好与需求,为金融机构提供精准营销、价值挖掘、客户稳定性评估等方面的服务。

还有一类企业,自身体系内就积累了大量客户数据,如电商企业。它们在征信服务领域也具有明显的数据优势,依托自身经营过程中的数据积累,以自有的交易数据、客户信息、商户信息、评价数据对客户进行评估,形成客户风险评级或风险评估报告。

这类机构的数据基础丰富，多数有着向金融信贷领域跨界发展的动作或规划。而它们要想成为征信服务机构，需要考虑两方面的问题：一是客户信息的隐私保护问题；二是自营信贷业务与信用评估服务之间的冲突。

四、国内征信行业发展现状及困境

1. 市场主体相对单一

目前在国内个人征信领域，数据较为全面和规范的征信机构主要有中国人民银行征信中心，其他具有一定规模的第三方征信公司数量不多，其所具有的数据优势受到一定的限制，覆盖面有限，数据深度和广度多数不能兼顾。一些新兴的"准征信机构"在信息采集和信息应用上的定位尚不明确。

2. 公共征信机构的覆盖能力受限

受限于运营成本、技术能力、数据规范、信息安全等多方面因素影响，多数征信机构的覆盖面都有一定的局限。同时，伴随着大量小贷公司和P2P公司等业务模式的出现，使得原来金融机构无法触及的客户群体有了获取资金的渠道。因此，出现的挑战有二，一是上述机构需要更有效率地获得客户的信息，减少信用评估中的信息不对称性；二是客户违约成本过低，机构也缺乏对贷款违约客户的约束手段。

3. 个人信息安全问题突出

2013年年初，中国人民银行在全国征信工作会议上就提出，征信业发展和信息保护同等重要，将个人信息保护工作提升到新的高度。但目前国内个人信用信息的安全问题仍较为突出，表现在未经授权采集客户信息，未经授权向第三方提供征信信息，以及数据采集范围涉及敏感信息等。

五、国内征信市场展望

征信行业的发展有挑战，更有机遇。国内征信行业迅猛发展的势头势不可当，互联网科技及大数据的加入，使得征信行业出现革新。

1. 征信市场主体多元化

《征信业管理条例》和《征信机构管理办法》的出台，明确了征信行业的游戏规则，政府对各类资本进入征信市场持开放的态度，使征信市场更具包容性，征信服务更具竞争性。征信市场主体将更加多元，征信数据类型与来源将更加广泛、多样，征信产品日益丰富。在客户风险控制、价值提升、精准营销、催收管理、流失管理等领域，征信数据都会得到广泛应用，这对于金融机构的管理将带来革命性影响。

2. 征信业务的创新模式不断涌现

以互联网信息技术与大数据挖掘为基础，征信信息覆盖的范围更为宽泛，征信机构能够提供的征信服务方式更为多样。特别是随着市场经济的发展，个体工商户、小微企业在经济活动中日益活跃，金融市场上的资金供给方向向小微企业下沉，这给个人征信服务的发展带来广阔的市场空间。征信服务已经显现出向大数据整合与挖掘方向的发展趋势，未来将能够在更广泛意义上为金融机构提供大数据逻辑比对下的客户信息校验，基于大数据的评级和评分，也可以基于大量外部数据的整合，提供客户风险预测服务与行为特征预测服务，为金融机构的风险全流程管理与客户管理提供抓手。

3. 征信数据处理技术革新

随着大数据的发展，个人信用信息数据量呈几何级上涨，对数据的存储、运算、查询都有着巨大影响。但随着互联网及数据技术的革新，海量数据的处理技术将越来越先进，庞大数据的并发性存储、加工、转换、查询的效率会越来越高。数据更新的速度更快，征信信息查询的方式也会发生改变，使得更多机构可以更有效率地享受到征信数据服务。

4. 征信数据采集和应用规范化

征信管理的法律法规将会更加完善，特别是加强对个人隐私数据的保护。2012 年 12 月第十一届全国人民代表大会常务委员会第三十次会议通过了《关于加强网络信息保护的决定》，对互联网信息的采集、使用进行了原则性规定，预示着未来对于网络信息的使用将逐步纳入监管范围，逐步进行规范。

第四章
存量客户管理

第一节　生命周期管理

一、客户关系生命周期理论

客户生命周期，通常情况下讲的是客户关系生命周期，也就是经营机构与客户之间，从相识走向熟悉，从熟悉再到分道扬镳的整个过程。这个过程是以时间作为维度，描述在不同时间段上，客户与机构之间的关系，以及每个阶段相应的客户行为特征。

客户生命周期理论的核心观点在于，一个客户的属性特征、行为表现并非静止不变的，在客户与机构之间关系的不同阶段，客户的表现会发生变化，为机构带来的收益水平也不同，因此客户管理过程本身应该是一个动态的、持续的过程。

客户关系生命周期的阶段划分有不同的标准，较具代表性的研究是Dwyer等人发表的论文，他们依据买卖关系发展建立了五阶段模型，包括认知、考察、扩展、承诺、解体五个阶段。在认知阶段，买卖双方通过各种途径触达对方；在考察阶段，买方搜索卖方，并进行尝试性的购买；在扩展阶段双方的依赖程度日益加深；在承诺阶段交易双方对彼此高度满意，并互相保证持续现有关系；在解体阶段则至少有一方退出了这个买卖关系。在这个研究的基础之上，又有其他学者推出了其他阶段划分方法，主要延伸是增加了"衰退"阶段，描述客户关系从高度互信的成熟合作向中止合作渐变转化的这一过程。

无论是五阶段模型还是六阶段模型，客户关系生命周期反映的都是不同时期客户与机构之间的关系，同时针对每一阶段揭示出该阶段客户经营的关键要素，并就每一阶段的管理决策核心进行阐释。

在个人信贷业务经营领域，客户方是购买贷款产品和服务的借款人，而金融机构则希望通过对客户关系生命周期的剖析，找到不同阶段客户经营和管理的重点。在客户获取阶段，金融机构的管理决策要点在于获取什么样的客户、用什么样的方式获取。在客户提升阶段，金融机构需要找到方法不断增强客户对机构的信任，实现客户收益贡献的提升。这里还隐含着一个问题，金融机构需要保留哪些客户、清退哪些客户，对于无法实现价值提升、会带来较大风险的客户，金融机构可以选择主动退出合作关系，避免造成更大的损失或资源浪费。在客户成熟阶段，客户已经与金融机构达成了较为密切的关系，维护长期的客户关系、夯实客户忠诚度是此阶段的管理重点，因此，在该阶段应解决不同的客群身上投入资源的比例，提供针对性的服务等问题。衰退期的客户已经出现了流失的征兆，采取措施留住客户是金融机构的核心驱动。在客户流失阶段，是否挽回客户，挽回哪些客户，采取什么手段挽回客户，是金融机构管理决策的主要内容。

从客户关系生命周期理论内容可以看出，客户关系维护与管理是一个全周期的过程,从触达并获取客户开始,一直到客户离席,每一个阶段均有相应的管理要点。那么为什么要在存量客户管理阶段重点讨论客户生命周期管理呢?

首先,金融机构对客户的全流程管理本身覆盖了客户生命周期的各个阶段,其中存量管理阶段对应客户生命周期的管理阶段最为复杂,除了客户获取外,客户提升、成熟、衰退和流失阶段都在存量管理阶段涵盖了。

其次,存量管理阶段对客户风险-收益的影响非常重大。获取新客户的成本远高于维系一个老客户的成本。存量客户管理阶段是直接和间接利润来源的重要阶段,存量管理是否有效,决定了金融机构面临的风险水平与资产收益能力。

最后,存量管理阶段是沟通贷前、贷后的桥梁,是资产组合管理和客户管理动作实施的重要阶段。在存量管理阶段,应将识别出的优质客户特征及时反馈给客户获取单位,对坏客户执行清退,及时止损,或向逾期催收环节传导信息,做出相应运营资源准备。

关于客户生命周期管理的讨论经常见诸于营销、市场领域的讨论,似乎与风险管理关系不大。其实不然,在风险管理过程始终要平衡风险与收益,而维系客户关系本身就是要在全周期内评价和提升客户带来的收益,因此风险管理动作会直接影响客户关系,客户关系管理的方式、方法也影响风险水平。因此,风险管理动作很多时候是"一箭双雕"的,既是对风险的管控,又是管理客户关系的手段。

风险管理因此也需要与客户关系管理结合起来。例如,在客户生命周期的管理过程中,可能为老客户提供新的产品和服务,客户接受同一机构的多个产品，意味着客户黏性和忠诚度的提升。而从风险管理的角度出发，由于新产品的不同风险性质，可能使得客户的行为特征和风险属性发生变化。因此，在客户关系的持续经营过程中需要随时观测，根据不同生命周期阶段采取有针对性的风险管理策略。

二、价值提升过程中的平衡艺术

在客户生命周期的管理方面，不但要注重客户与机构关系的周期，也需要注重客户自身的生命周期。两种生命周期管理须有机结合，平衡推进，从而提升客户综合价值。

所谓客户自身的生命周期，指的是随着客户年龄和阅历的增长，在不同的生活阶段所表现出的不同需求特征和行为特征。客户自身的生命周期管理，其实是对客户偏好和需求的解读过程，因此是客户关系维护的重要切入点，可与客户关系生命周期管理结合在一起"双轮驱动"。客户随着年龄由小到大，分别会经历求学阶段、创业或求职阶段、组建家庭阶段、上有老下有小的家庭经营阶段、老年退休阶段等。不同的生活阶段，客户的需求是不同的，仅仅从贷款产品需求的这一维度来讲，就可能分为助学贷款、留学贷款、经营性资金需求、住房贷款、家电消费贷款、旅游消费贷款等。根据不同阶段需求的差异，有针对性地设计产品和服务，是获取、经营及再获取客户的基础。

而基于对客户自身生命周期的解读，风险管理也需要在客户的不同阶段，给予不同的管理措施。比如，在客户刚刚走出校门、开始工作的阶段，可给予有限度的贷款资金支持；而在其工作稳定、职位和收入提升的成熟阶段，就要根据客户需求提高授信额度，丰富贷款产品品种；另外，对于客户阶段性需求，还可发放指定用途的消费贷款，如家装贷款，以完善对客户的服务维度。但如果客户出现不符合其生命阶段的资金需求，则需要审慎把握，如求学阶段的创业资金需求。

存量管理阶段是客户价值体现的重要环节，特别是针对循环类信用贷款而言，在获取新客户上投入较高成本，不如在老客户中选择出好客户进行培养，促进交易与循环。

因此在存量客户管理阶段，金融机构需要明确知晓，自己希望经营的到底是什么类型的客户，不同类型客户的比例是多少，在不同客户群上应该投入多大资源，如何在现有存量客户的基础上优化结构，以有效地平衡风险管理目标与资产收益目标。

通常情况下，金融机构面对的客户群体类别不会是唯一的，不同客户群的客户标签可以从多个维度上划分，如打工客户和小微企业主，较高额度需求客户和小额贷款需求客户等。从风险和收益这两个维度上，可以将客户列入如图4-1所示的四个象限中。

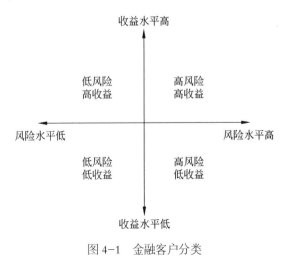

图4-1　金融客户分类

对于不同风险-收益特征的客户，金融机构需要根据自己的战略目标和资源约束设计有针对性的风险管理措施。其一，是资产层面的组合管理；其二，是客户层面的结构管理。针对上述四类客户群，在组合管理过程中，金融机构需要确定哪些才是自己想要的客户，不同客户群的比例结构如何。例如，低风险-高收益客户群是金融机构最喜欢的客户类型，但是可能所占比重较小，因此通常保留并提高占比；高风险-低收益客户，机构倾向于积极降低此类客户群的占比；低风险-低收益客户可能占比最大，但是需要保留一定比重，作为稳定资产的基石。上述过程就是对资产的组合决策。另外，由于上述四个象限的客户并非固定不变的，客户特征与属性会发生变化，因此在动态管理过程中，要解决的就是如何将其他象限的客户向更优的象限特征中引导，从而使客户结构和资产结构动态调优。例如，通过交叉营销策略，提高低风险-低收益客户的收益水平，使其向低风险-高收益方向转化，这就是存量客户动态管理的过程。

存量客户管理不是独立割裂的业务环节，而是与客户关系生命周期密切相关的。如图4-2所示，对于在存量管理阶段发现的优质客户群，需要总结规律，向客户获取端进行传导，使得在客户获取阶段就能够找到金融机构需要的客户群体。而存量管理的过程也是对客户关系进行主动管理的过程，存量客户的动态管理目标，就是要落实在客户关系的提升阶段、成熟阶段，通过维护客户关系的各种工具，达成客户属性的正向引导，甚至也可主动选择放弃，尽快结束不利的客户关系。

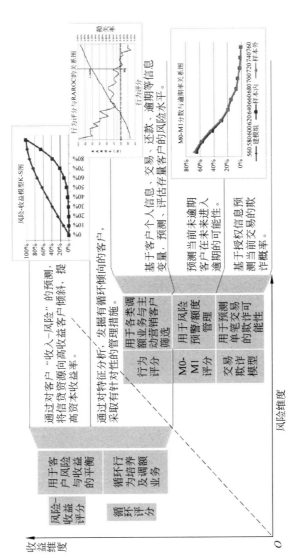

图 4-2 存量客户管理

三、互联网时代的客户管理

互联网时代，获取客户的创新方式层出不穷，触达客户的媒介越来越多，各种信息充斥互联网和移动媒体，金融机构能够拥有更多渠道使潜在客户了解到自己的产品和服务。但这种信息爆炸和高效率的传播速度，为金融机构的客户关系管理既带来了机遇，也带来了挑战。

在机遇方面，客户获取信息的渠道更为多样，信息传递的方式更为高效及精确。如果说原来的宣传手段只有广而告之，那么现在的宣传可以非常精准投向目标客群，触达金融机构想要引入的客户。就像很多购物网站提供的"猜你喜欢"的商品推荐，其实就是根据客户的浏览记录和行为特征，发掘出客户想要搜索获知的产品和服务项目，主动向终端客户推介的过程。同样地，基于对客户需求与特征的分析，金融机构也可以将广告直接投放给特定的客户群体，提高客户获取的精准程度。

而挑战也是同时出现的，由于获取信息的便利性，客户能够无门槛地瞬时获取到很多金融机构的同类产品信息，理性的客户自然会货比三家。金融机构提供的产品和服务是否真的具有优势、适应客户需求，才是客户是否会选择你的驱动因素。优劣高低，当下立现。当信息时代为金融机构找到目标客户提供便利的时候，相同地，你的竞争对手也能找到他，甚至愿意提供更优惠、更便捷的产品将你的现有客户拉到自家公司去。此外，客户转移服务提供方的成本越来越低，即使是坐在被堵在路上的出租车里，也可以通过手机的简单浏览和点击，完成账户转移的全过程。这导致客户关系生命周期从获取到衰退的进程周期越来越短。

因此，金融机构不仅需要在获客端提供精准服务，在存量管理阶段，也要精准了解客户，提供更为符合客户需求甚至是超出客户期望的贷款产品和服务。客户获取端激烈的同业竞争，令获客成本日趋提高，也使得金融机构更加重视存量客户的管理，一方面在尽量短的时间内提升客户价值，快速进入成熟期；另一方面拉长成熟期的时间周期，避免好客户进入衰退期甚至流失。

第二节 存量客户价值提升

存量客户，顾名思义，是金融机构业已维护的客户群体。但存量客户的范围可以是宽泛的，并不仅局限于金融机构当前与其有业务往来的用户，所有与金融机构有过业务接触的客户均可纳入该范围。存量客户既包括当前未结清的借款人，又包括已结清贷款账户的历史客户，同时更可将存量客户的范畴推广向其他业务条线的客户。以银行为例，其经营的存款客户与贷款客户之间的交叉营销，就是典型的存量客户的管理过程。

存量客户经营的核心目标是提高客户的价值，借助的关键要素之一是存量客户的各类行为信息的积累，这为金融机构解读客户、提供有效服务、提升客户价值创造了必要的条件。随着信息渠道的增多，如通过互联网的浏览记录收集，为金融机构识别出潜在的意愿客户提供了线索。作为个人客户，你很有可能因为搜索过"消费贷款"的关键字，就被经营消费贷款的金融机构找上门来。相较于其他完全不掌握任何信息的"新客户"多出的这一些数据，使得金融机构可以将这些暂未有实际业务接触的客户视为"存量客户",给予更为精准的服务,或是特殊的政策倾斜,从而更有效地提升客户价值。

一、存量客户管理阶梯

从国外成熟市场的存量客户经营的发展脉络来看,从早期的大打价格战,到后来的金融产品和服务创新,再到市场细分与营销规划,存量客户经营与管理的手段在不断增多,花样不断翻新。

万变不离其宗,无论工具、手段、产品上如何变着样儿的推陈出新,要想做好存量客户经营,都需要围绕如下这些主线开展。

第一,客户信息积累。说到存量客户管理,就要知道客户的静态属性与动态行为特征,因此金融机构管理了哪些客户,以何种方式进行管理,客户的特征、反馈等信息都是存量管理的前提条件。

第二,客户特征分析。基于客户信息和行为表现的记录,给客户打上分类标签,并且记录客户标签的变动历史。这种特征分类的标准可以是多种多样的,其目的只有一个,便于金融机构了解客户群构成及客户价值和风险的迁徙变化情况。客户特征分析是金融机构作出管理决策的基础。

第三,存量客户管理决策。在充分了解客户特征的基础上,金融机构需要确切知道其设计的最优客户结构。针对现有的客户如何向优化方向发展,对于哪些客户需要夯实忠诚度,对于哪些客户需要提高价值,这些都是管理决策的内容。在资源约束的条件下,不断提高投入产出比是存量客户经营的主要目标。

第四,差异化管理。既然已经确定了方向,那么就需要对不同客户群进行差异化的管理。对金融机构来说的差异化,是不同风险-收益特征的客户群体向不同方向引导的过程，而客户是否"接招"，要看金融机构想出的具体措施是否符合客户心意。那么，客户的差异化需求分析是必然的环节。

第五，针对性服务。基于客户的个性化需求，必然需要提供差异化产品和服务。同时，通过动态、长效的客户管理机制，不断追随和满足客户的需要，方能实现金融机构自己的客户管理目标。

是谁，怎么样，需要什么，怎么做，是存量经营的四部曲，当前互联网与移动技术的大发展，为上述过程的实现提供了新的场景与工具。

随着互联网经济和电子商务规模的不断扩大，在客户管理中的信息来源、触达渠道、管理实现方式上均发生了变化。网站平台、手机 APP、微博、微信，不仅成为了触达客户的手段，也成为了解客户、管理客户的端口。通过这些端口，更便于将客户多元化、个性化、碎片化的需求考量在管理策略中。

客户需求日益多元化、个性化、碎片化，如何能够提供客户化的产品和服务，也给金融机构提出了挑战。客户需求多元化，要求金融机构对客户特征的划分更为精细；个性化需求使得金融机构很难拿"同一套"来应付客户；碎片化则要求金融机构提供的服务遍及客户需求的各个维度，并快速实现。这些变化，使得客户化说起来容易、做起来难，向提供智能化服务全面转型的过程中，触达渠道、计量决策工具、IT 系统支持，一个都不能少，否则很难驾驭金融领域快速变迁的市场格局。

二、存量客户的价值实现

客户关怀、重新定价、还款假日、授权管理、外围服务等，这些都是存量客户管理、提升客户价值的手段和工具，而下面我们要将其中最为重要的一种管理手段拿出来单独进行讨论，那就是再次营销。此处所说的营销是广义的营销，即对客户提供的产品和服务的种类的增加或属性的变化。

存量客户经营本身就是在注重客户全生命周期的总体价值。客户价值的提升与客户需求的实现是相辅相成的。协助客户实现自我价值，机构方能获取更高价值。经营机构与客户的"双赢"，才能使得双方收益螺旋上升。因此，存量客户的再次营销，就不再是卖产品、卖服务那么简单。

首先就是要满足客户需求。在如今讲求个性化的年代，金融机构有什么就卖什么早就已经过时了，现在需要的是客户需要什么就给他什么。这是占据市场的必然选择，也是提高存量客户黏性的方法。在市场细分过程中，无论市场挑战者还是市场领跑者，都不得不将客户的"微需求"作为赢得客户的砝码。当媒体说到互联网公司颠覆金融行业的时候，曾经有人提到，互联网企业涉足金融领域，比如消费信贷、供应链融资、客户理财，其出发点并不一定是布局金融行业，更有可能的是为了更好地服务供应商和消费者这两端的用户。供应商需要融资解决周转问题，那么我为你提供贷款，消费需要分期付款，那我也给你分期产品。从客户需求出发，才能提升客户价值。

其次，既然只有客户实现自我价值，金融机构才有更大的收益空间，那么基于这种"你好我也好"的管理思路，金融机构对存量的营销管理有时需要更进一步，给予客户超出期望的服务，协助客户提升自我价值。对于原本只是申请车贷的个体户，金融机构可以出钱帮着买车；客户还需要经营周转资金吗？经营运转正常，收入节节攀高，需不需要扩大经营规模？需不需要财务管理服务？金融机构在对客户进行动态观察的基础上，可做出风险衡量和需求预测，主动为客户提升价值而铺路。

最后，存量客户再贷营销还有"隐含性收益"，金融机构不但能够提升客户本身的价值，而且可以不断优化资产质量与结构。通过再次营销，使得低价值的客户变为高价值客户，使得高价值的客户持续优化，使得总体优质客户的占比不断提高，这都是金融机构优化资产结构、提高资产回报的客观需要。为了达到金融机构这两个层次的管理目标，"精准"再营销通常是需要经过以下三个阶段工作才有可能达到。

1. 第一阶段：客户需求触发阶段

存量客户经营既然要提升客户价值，那么迎合客户需求必须是基本出发点之一。这就要求金融机构必须能够识别客户需求，并能及时捕捉到体现客户需求的行为，再结合对客户特征的分析，迅速触发相应的管理动作，以及时满足客户在此阶段的需求。

由于此阶段金融机构对客户的了解还相对较少，因此会较少主动发起营销或其他管理动作，而是在不断收集客户的各类行为信息，以形成对客户特征的各种判断。金融机构多是在客户有明显需求信号传递出来的时点，才主动加以反馈，虽然表现形式上可能是金融机构主动对客户进行了营销，但实际上多是客户的行为触发了这些管理动作。

2. 第二阶段：客户特征识别和行为培养

当对客户的行为特征的了解逐渐清晰，金融机构开始对存量客户给出自己的评价，也就是打上不同的属性"标签"，并确定不同"标签"下客户的管理方向。此时金融机构开始主动提供服务，并希望通过这些管理动作来培养客户的行为，使客户特征向着理想的方向转化，也就是客户价值提升的过程。

这一阶段的存量客户管理以普惠式服务为基础，并开始大量引入外部数据协助对客户特征进行进一步识别，对客户的了解逐渐加深。这一阶段为客户的差异化管理、主动管理打下了基础。

3. 第三阶段：金融机构主动出击

到了这一阶段，金融机构应该对自己的存量客户建立了足够详尽的档案，可以结合用户需求和自身经营管理需要，主动提供差异化的产品和服务。这时主动发起销售行为的将是金融机构自己，即使客户自身并未提出相应需求，机构也起到了需求创造的作用，让客户不反感地就接受了"营销"。

以循环授信产品信用卡为例，将存量客户反复多次的持卡交易作为观察对象，能够较容易地总结出客户行为特征，但同时也由于信用卡交易的频繁性，为持卡人需求的及时捕捉提出了挑战。例如，持卡客户在家居卖场进行了一笔家具购买的交易，发卡行能够通过实时交易监控捕获该笔交易。但要如何分析客户的需求呢？这时就要发挥内、外部数据的作用。例如，发卡机构通过内部客户交易记录发现，持卡人在月前还曾经购买过家居建材，结合外部数据获悉用户的互联网浏览记录，知晓同一时间段客户还在关注床垫等家居用品，再结合客户的年龄、学历、工作情况，推测该持卡人在大概率上正处于新房装修完成、购置用品阶段。虽然持卡人以当前的信用额度购买这件家具全无问题，但是如果希望他用本行信用卡进行更多相关交易，支持他置备齐全近期需要的各类家居用品，那么可用授信额度就不太充足了，这时金融机构可以主动发起额度上调的服务，并跟进其他交叉营销,如家装分期、床上用品的商品推荐等。上述整个过程,反映出行为观察→需求捕获→及时反应的全过程,不但能够帮助客户完成延伸交易,同时对金融机构而言,客户的多笔交易具有明显的勾稽关系,真实性较高,基于对客户偿付能力的观察与分析,又能保证授信追加动作不会提高该客户的违约风险水平。

存量客户需求识别与需求创造

存量客户的价值实现最重要在于客户现实需求和客户潜在需求的识别与挖掘,能够根据客户的差异化需求提供差异化的金融产品和服务,这样才能使客户价值得到实现。例如,金融机构自有的交易流水数据记录了客户的交易金额、交易时间与交易商户类型,客户交易的商品类型、单品价格等信息却未被获取,这对于准确识别客户需求增加了难度,这时外部大数据的引入就非常重要。以线上交易数据为例,不但能够清晰记录客户购买的商品类目,同时还积累了客户的物流地址、联系方式等。在丰富信息维度的同时,更能够通过邮箱、手机、入网设备编号等关键信息关联出更多的客户线上行为信息。根据客户的交易行为、浏览行为挖掘分析精准定位客户需求,进而通过分期、调额、贷款追加等方式来实现客户价值的提升。

客户需要什么就提供什么还远远不够,用户的潜在需求还需要金融机构去主动挖掘、主动创造,提供超出客户期望的产品和服务。让客户成为购物达人、时尚领袖、美食专家,提高客户使用金融产品的机会,从而提升客户的价值。例如,通过客户的浏览行为分析，客户有买电脑的需求，但客户浏览的电脑主要为低端陈旧型号。金融机构结合客户的收入负债水平分析，确定客户能够通过分期方式负担价格更高的新型电脑产品，金融机构就可以联合计算机销售商推送价格优惠的新型电脑商品给客户，并打包提供分期付款的金融服务，让客户满意的同时，也提升了客户的生活质量。

目前，网站推荐模式已非常普遍，多是根据客户线上交易历史，或是已关注产品类别来进行推荐。但如果没有对客户行为的持续跟踪和分析，会出现客户购买了一个相机之后，还是不断地给客户推荐类似型号的相机的情况。因此借助多平台客户浏览、关注、交易信息的整合与分析，以客户为中心，而非单纯以产品为中心，方能想在客户之前，什么时候推荐相机包、推荐什么样的镜头，通过引导客户需求而共同成长。

三、存量客户经营手段

1. 同产品追加

挽回流失客户最直接的方式是对已结清贷款账户的借款人进行贷款追加。这是存量客户再次营销的过程。由于客户曾经在金融机构开立了贷款账户，机构有确切的、可追溯的还款记录和其他行为记录，用以评价客户的风险 - 收益水平，以确定是否要再次对客户进行贷款，以及贷款授信额度、期限、费率等。一般情况下，金融机构不会选择已经表现出较高风险的客户进行再次贷款营销，而是选择风险可控的收益类客户，因此再贷费率方面也通常会有优惠。但是否能够重新与客户再次建立业务联系，还取决于客户在此时点是否有融资需求，通常对有经常性融资需求的生意客户进行再贷营销较易成功。

如果希望在客户流失前就采取措施延缓衰退和流失的发生，那么贷款展期也是一种有效的管理方式。贷款展期通常发生在两种情况下，一种情况是客户风险水平较优，还款基本正常，但短期有一定还款压力，可通过贷款展期的方式摊薄单期需要偿还的金额；另一种情况则是借款人出现了逾期情况，但有意愿进行还款，为了尽可能收回逾期欠款，需要达成逾期还款协议。

当然，即使不改变客户的授信产品，不延长客户还款期限，通过提升授信额度的方式，也可以拓展客户关系的成熟期，并提高客户对金融机构的价值贡献。授信额度提升特别突出体现在循环授信类的贷款产品上，根据客户交易和还款的一系列行为观测，可以较为有效地判断出客户对额度的需求和还款能力。对于额度敏感的客户，提高授信是提高客户收益贡献的有效手段。需要说明的是，实际上客户的行为特征有可能随着授信额度的提高而变化，因过度授信而提高风险，或者由于授信额度变化而降低边际收益也是有可能的。

2. 新产品追加

对于未结清贷款的客户也可以采取追加新产品的方式进行再次营销。例如，对于经营贷款借款人，追加普通个人消费贷款产品。新产品追加是一种全方位金融服务的体现。这种金融服务并不局限于融资服务，也体现在其他金融服务方面。

新产品追加是增强客户黏性的重要手段，随着客户与金融机构合作关系的深入，金融机构为客户管理的关系账户和产品服务种类越多,客户流失的风险就会越小。从这个出发点,通常情况下,金融机构愿意不断扩充对单一客户的服务内容,这使客户发生全面账户结清的可能性降低。以经营多种金融产品的银行为例,倾向于通过为客户提供"产品包"的方式加固客户关系。这种"产品包"包含一组产品或服务,为客户提供从储蓄、理财、融资、保险等多方面的服务。但这种追加方式,从根本上是通过增加用户转移账户的成本来赢取客户,以推迟其进入流失状态。当然,新产品追加也可能涉及新增的贷款服务,这时要谨防由于过度授信追加,使借款人的资信情况恶化、行为特征发生显著变化,从而导致违约风险提高。

3. 交叉营销

交叉营销基于客户需求,建立立体式的服务体系。为客户提供的产品和服务不再局限于金融领域,而是客户需要的任何服务。交叉营销本身虽然也是金融机构提升收益的有效途径之一,但其出发点应该是为客户提供完善的服务体验,而非单纯地卖出更多的附属产品。对金融机构来说,交叉营销的过程也是对客户信息积累的过程,最终达到深入客户生活的方方面面、更加了解客户的目的。

与电商从购物平台向金融领域延伸的发展方向正好相反,现在也有金融机构从提供消费信贷向自建电商平台跨界发展。金融特色商城售卖的是与客户吃穿用度相关的普通商品,其目的也是谋求用户和金融机构双赢的局面。另一方面,金融机构也想要打破大型电商的数据垄断,将客户的信息流、资金流和物流信息都掌握在自己手中,再加上自己本就掌握了优势的金融账户信息和信用信息,那么对存量客户风险－收益及行为特征的分析将更为有据可循。

大数据在交叉营销中的应用

大数据在交叉营销中的应用最为典型。通过与掌握数据信息的相关方密切合作、数据共享,进行金融数据与外部数据的交叉整合,支撑交叉营销,这是一个跨界合作的现实切入点。

以信用卡产品为例,信用卡发卡行能够采集到大量的客户交易行为数据,这些交易行为反映着客户吃、穿、住、行各方面的开支需求,为发卡行进一步丰富客户服务,进行交叉销售提供了依据。例如,银行监控到持卡人用信用卡进行了一笔购车交易,那么发卡行可以即时与保险公司一起发起对客户的车险营销,在交叉营销的过程中,发卡行又能采集到关于客户车产更为具体的信息,如车型、品牌等,再为客户提供符合车辆情况的保养服务、洗车服务等,通过刷卡促销方式,一方面满足客户所需,另一方面也进一步促成了更多的信用卡交易。

交叉营销因为其跨界服务,通常涉及多家企业,除了提供贷款服务的金融机构之外,还可能包括其他金融服务企业,或其他供货商和服务商。在多方得利的交叉营销过程中,必然涉及客户信息与数据的传递。是否能够在客户授权范围内进行信息共享,客户隐私是否能够得到有效保护,还需要监管机构进行规范管理。

第三节 存量客户授信管理

存量客户授信调整仅是存量客户管理手段中的一个,但是却非常重要。作为提供融资服务的金融机构而言,授信额度是贷款产品最重要的属性之一。在存量客户管理阶段,多种经营手段最终都会涉及授信额度的调整。如未能重视授信额度的管理,很有可能造成风险的快速上升,将引入端的"好客户"变成存量中的"坏客户"也是有可能的。

为了做好存量客户授信的管理,最核心的是要明确针对每一个客户应该给多少授信的问题。合理授信的衡量需要做到下面的"三个平衡"。

一、"三个平衡"

首先是需求平衡,即授信额度与客户的额度需求相适应。这里的额度需求,并非指客户想要多少授信,而是客户的实际额度需求。在目前个人特别是个体小微企业主获取授信还相对困难的情况下,借款人自然希望在一个金融机构获取到尽可能多的融资额度,以备不时之需。但是实际额度需求并不是指客户要求的授信,而是指基于客户融资需求背后的实际用途,估算的合理融资规模。过高或过低的授信额度都有可能导致金融机构最终失去这个客户。例如,对于一个经营小吃店的个体户而言,其融资主要用于进货的资金周转,而结合店铺的经营规模、历史进货资金支付、周转周期等实际情况,可衡量出该店的实际额度需求。通常借款人希望获得更高的额度,但是,如果客户拿到超过其实际生意运营所需的资金规模,必然会部分投入非经营领域。超额部分的资金运作及回收情况,无论对借款人还是金融机构,都较难评估其风险情况。

其次是偿付能力平衡。在存量管理阶段,授信额度与偿付能力的动态平衡对风险管理来讲非常关键。由于在客户准入阶段已经对客户的偿付能力进行了评估,并给出了相应的授信,在存量管理阶段,授信的动态管理往往被忽略了。

存量客户管理中,偿付能力的评估体现在两个维度上。一个维度是授信追加时的评估,既然新增了授信金额,就要对这笔新增授信对客户的还款造成的压力进行有效评估,此时不能仅依靠观察客户历史还款情况来核准新的授信额度。另一个维度上则要求金融机构对客户偿付能力进行持续监控,即使金融机构对某一客户未追加授信额度,该客户仍有可能受到其他外部因素影响,使得准入时体现出的偿付能力出现较大波动,此时需要根据实际情况对授信敞口进行管理。

最后是管理目标平衡。借款人需求切实,偿付能力符合条件的情况下,是否要对授信进行调整,还有一方面的因素来自于金融机构自身的管理目标。从存量客户管理目标出发,金融机构需要借助各种管理手段,最终是要实现客户行为引导、客户结构优化、风险调整后收益提升等核心目标的。从管理需求出发,受限于信贷资源的边界,金融机构可能并不会对所有有需求、有偿付能力的客户都平均地分配信贷资源,而更可能向有提升潜力的客户进行授信倾斜。

二、衡量方法

授信额度要基于客户层面管理。金融机构的融资评价对象是个人，授信额度也是针对客户个人的，每个人的偿付能力边界是不随着融资产品和服务种类的增多而提升的。因此无论金融机构要给出多少的新产品追加，都还是要回归到客户本身进行授信额度的衡量。授信管理必须要有客户层面的归集，不能单纯按照账户或借据进行管理。

客户层面的授信管理，可以理解为金融机构内部的授信信息归集。这就要求金融机构明确知晓本机构对每个客户的融资金额。说起来容易，做起来难，特别是针对产品类型较多、按照业务条线管理的综合型金融机构，很可能不同业务线之间的信息共享会出现障碍，互相之间难通信息，或由于内部争夺客户造成过度授信。例如综合性银行，同时经营多种贷款产品，很可能为客户办理了住房抵押贷款，又基于客户资产情况核准了一笔个人信用贷款，再发放一张消费使用的信用卡。但是回到源头，上述三笔贷款的衡量标准都是客户手里的那一套房产，如果每笔贷款只是单独考量客户的偿付能力来核准授信额度，那么过度授信的特征就非常明显了。这种金融机构的内部过度授信，可能来源于各业务条线之间的信息共享不充分，也可能是由于不同业务条线争夺存量客户而造成的。

即使金融机构内部信息共享和协调管理全无问题，也存在其他机构对该客户进行授信的可能。当前经济环境中，借款客户的共债问题越发突出，一个好客户被多家金融机构争夺，每家机构都希望尽可能地满足客户的全部额度需求。即使单家金融机构的授信额度并不冒进，但多家机构的授信加起来势必会超过客户的偿付能力。共债问题的凸显就像是机构对金融生态环境的过度开发，会给各家金融机构共同赖以生存的环境造成破坏。

实际上，金融机构已经意识到并开始着手解决这个问题，如关注征信报告中他行授信的情况，对于已经持有多行授信的客户审慎处理。在信用卡行业监管方面，也明确要求，对于在征信系统中有多家银行贷款或信用卡授信记录的申请人，应当从严审核，加强风险防控。但是，征信记录尚不能解决所有问题，通过民间融资渠道或小贷公司及众多 P2P 贷款公司进行融资的信息并没有进入央行征信报告，这些"隐性"负债问题是非常值得关注的。

在一份汇付天下有限公司和西南财经大学共同推出的调研报告中显示，中国约 1/3 的小微企业有借款，但仅有 11.9% 是从银行等金融机构获取的，77% 采取民间借贷方式融资，还有 14% 的小微企业从金融机构获取的贷款额度不足，同时还涉足民间借贷融资。这只是从一个侧面说明无法核实的隐性负债的涉及面之广。现在很多无法在征信系统中记录贷款情况的金融企业也开始自发地建立行业自律规范和信息共享平台，希望解决共债问题上的信息不对称。

三、授信管理方式

在存量客户管理阶段，授信管理的手段并非仅有调升或追加授信额度，控制和降低授信额度也是必要时需要采取的措施。若监测发现客户风险负向迁徙，可采取控制风险敞口的方式进行管理；或根据客户特征及风险 – 收益情况，金融机构也可对低收益类客户进行额度压缩，以实现信贷资源的优化配置。授信额度具有相对黏性，一旦调升，再想进行下调具有一定困难，可能造成客户的提前流失，因此额度下调的策略要审慎采用。

既然授信额度的调整具有相对黏性，那么对于授信额度上调的操作也要保持审慎。因此有些授信额度上调可以采用临时的方式进行，如在一定时间区间内或特定资金用途上，临时性地提供更高的贷款额度。这种方式多使用在信用卡等循环类贷款品种的临时额度调升上。

授信总额度需要基于客户层面进行统一管理，同时关注单笔授信的用途。由于风险特征和控制要素的不同，会根据不同产品、不同用途的借款匹配不同的授信额度。举例而言，为支撑客户的日常消费的循环授信，给予相对小额度的授信即能满足客户需求，但在遇到家装等大额消费的情况下，可以单独匹配出针对家装用途的略高些的授信资金，并采取分期付款方式偿还。但为了确保家装贷款授信额度不被消费串用，或在客户家装贷款还清后不会虚增其消费授信，可以考虑单独匹配专项贷款资金账户，甚至可以对专项账户限制支付路径，采取定向支付的方式保证资金切实用于申请用途。客户日常消费额度与专项消费额度需要分别管理，并在客户层面有统一的评估。

第四节　风险预警体系

一、存量风险预警

风险预警就是指通过信息收集和分析，对客户或资产的风险情况进行识别、衡量、分析，并采取适当应对措施以化解风险、减少损失的动态过程。存量客户管理在满足客户需求、提升客户价值的过程中还需要对单个客户风险水平和总体资产质量进行动态监测，并灵活调整客户管理策略。

风险预警并不以"预警"本身为目的，而是体现了主动监测风险、主动化解风险的管理策略。因此，风险预警的过程可以归结为如下流程：监测→预警→归因→处置→监测→预警解除或进一步处置→再监测。这是一个闭环过程，通过发现问题、解决问题的循环反复的过程，识别各环节新发生的或变严重的风险问题，并提出相应的解决方案，最终要以该问题得到解决或控制为一个小循环的终点。整个流程中"预警"仅是触发风险处置措施的一环。有效的监测识别决定了预警的及时性和准确性，而归因分析则是采取适当的处置措施的必要前提。

二、风险预警体系设计

健全的风险预警体系需要遵循全面性、及时性的原则。全面性指预警信号的搜集和识别需要覆盖每个单一客户，也要关注整体客户结构与资产质量；既有微观层面的预警，又有宏观层面的预警，且覆盖全部业务范畴和全部风险类型。及时性原则要求预警信号具有前瞻性和预见性，能够识别早期的风险迹象，避免由于风险暴露的滞后性带来更大损失；同时，及时性还要求对于生效的预警信号必须采取迅速的应对行动，本着化解风险、减少损失而做出快速反应。

根据预警类型的差别，可以将风险预警分为资产组合预警和个案预警两类。资产组合预警涉及面更广，属于宏观层面的预警信号，可能表现为整体或某项资产组合严重偏离风险管理战略与风险偏好，或是结构出现集中度风险隐患等。资产组合预警通常针对整体资产状况，或某一信贷业务条线的资产质量而言，与单个借款客户无关。而个案预警则是对每个授信客户履约能力的监测与预警。在某些情况下，个案的预警很可能是某项资产出现风险隐患的前兆，因此会引发对资产质量的重检。这也就需要在个案预警与资产组合预警之间建立联动机制。

在资产质量层面，更加需要强调的是对潜在风险前置信号的捕捉。因为资产层面表现出来的风险问题的发生并非突变的，更多的是量变引起的质变。由于风险暴露具有滞后性，特别是在业务快速增长的阶段，一旦风险爆发，再想扭转局面，则需要较大的业务调整动作和较长的风险消化时间。因此在资产质量和结构层面的风险预警以捕捉前置信号为主要目标，以在显著风险暴露以前及时调整风险管理措施。在个案层面，风险预警体系更为关注迅速反应。由于个案身上体现出的行为与预警信号非常庞杂，如何能够排除信息"杂音"，从各种数据和信息中识别出有效的预警信号，并作出快速反应是关键。在个人信贷领域，面对的客户群体数量巨大，每个个体客户的行为信息又复杂多变，靠人工跟踪数据和指标来识别预警信号是不现实的，因此自动化的预警体系和智能化的管理措施，是非常重要的。这需要预警策略和 IT 系统的共同支持方可实现。

三、分级预警机制

由于风险情况的复杂性，在有效的预警体系内，需要设计差异化的预警体系。所谓差异化是以识别预警信号的严重程度和所需的响应速度为基础，通过设置预警级别来实现。预警级别所要解决的问题是，告诉金融机构预警信号的严重程度，并明确需要处置的紧急程度。简单地说，就是将全部预警信号区分为严重兼紧急、严重不紧急、不严重但紧急及可滞后处理的不严重也不紧急的观察类预警信号。根据预警信号的级别，处置的速度、方式可有较大差异。无论对于哪种级别的预警信号，均需做出相应的原因分析，找到发生预警的原因，但针对原因而采取的措施，可根据预警级别具体考虑其实施的范围和实施的速度。

分级预警需要以预警指标的有效设置为前提，即知道观测何种指标做出预警，依据何种指标衡量预警紧急程度和严重程度。在预警指标的选取上，要遵循全面、充分的设计原则，既要反映业务风险水平，同时又要体现出不同维度上的个性特征，并定期对预警指标进行检视。这些预警指标通常与预警阈值共同作用，预警阈值根据指标反映出的风险状况设置不同的等级，当指标突破某一预警阈值时就启动相应级别的差异化管理措施。

四、"互联网预警"

这里说的互联网预警指的是结合互联网大数据的预警体系，将金融机构预警信号的获取范围从内部推向了外部，从有限的公共记录推向了无限的网络世界。互联网预警的优势突出体现在信息全面性和更新及时性两个方面。

互联网预警体现了预警信息全面性的必然趋势。个人客户在互联网上的行为信息为金融机构的预警信号捕捉提供了更多的信息素材，仅仅是简单地在网络上搜索"借钱不还会怎么样"之类的文字，就可能预示着一起个案违约的发生。在互联网和移动通信渠道与金融的关系日益密切的今天，客户在网上申请贷款，或是通过手机转账的时候，相应的设备编号和入网编码已经为后端客户同一的识别提供了基础。

通过网络可以将金融机构所需的各类外部信息统统收入囊中，包括公安违法信息、法院执行信息、税务缴税信息、行业重要新闻、个人或企业负面信息、借款人社交关系网中的重大负面情况、借款人的网络浏览行为、资金支付结算情况等。甚至没有信息本身也是一种信息，一个借款前网络活动频繁的用户突然"失踪"了，也很可能预示着某种异常情况的发生。

但是，网络信息颇为碎片化，必须经过相应的加工处理，方能实现有效应用。互联网是信息获取的渠道，也提供了信息加工与整合方案，网络技术、IT系统支持使得信息收集、处理和整合的速度加快。这种技术支持，也使快速更新的信息得到更有效及时的应用变为可能。

随着市场竞争的白热化，金融机构自身宏观预警信号的变动频率在逐渐提高，更容易受到外部市场环境的重大影响。宏观层面和微观层面的风险预警的及时性要求都更高了。互联网大数据具有非常高的更新频率，完全超出了金融机构自有数据的更新情况。这种快速更新的信息的输入，在某种程度上使得金融机构的预警及时性得到跨越性的提高。在预警系统高效运行之下，客户的异常网络支付行为，会在瞬间被获取并识别出来，并直接将预警信号推送到客户经理管理设备上，客户经理即可进入处置流程，与风险客户进行沟通，排除潜在风险。预警系统可以无缝地自动触发指定的风险管理动作，对任何潜在风险作出快速反应。

大数据在风险预警中的应用

互联网预警本身其实是大数据在风险预警应用中的一个侧面。互联网作为大数据的一个主要来源,包含了海量的数据信息,且更新速度更为频繁,为风险预警提供了更多可以参考的信息。

例如,对小微商户的存量风险管理过程中,金融机构可以从数据合作方获取商户交易流水信息,对其交易流水设置监测预警规则,对于突然出现的资金异常流入、流出,不符合经营规律的交易流水下滑情况,正常营业时间之外的大额交易等,均可以触发预警,金融机构可视预警的严重程度,采取相应的管理措施,及时排查异常情况。

另外,大数据更新频率快的特点,使其在风险预警方面的应用前景尤为突出。例如,金融机构对授信客户的风险情况的了解如果通过大数据做到实时监测,一旦在外部数据监测过程中发现严重负面信息,就可以即时触发预警,立刻采取止损措施。例如,对于一个有多家机构共同贷款的授信客户,通过大数据监测该企业工厂开工情况、物流情况等,同时和同类企业进行交叉匹对,即可快速判断该企业是否正常经营,即使客户在本机构的贷款仍然在正常还款,也需要立即启动提前催收动作。如客户偿付能力不足,迟早会出现全面逾期的情况,一般而言,最先启动催收的金融机构更有可能追回欠款。

第五节 存量管理计量模型体系

存量客户管理主要包含交易欺诈管理、再贷客户营销管理、授信额度管理、流失客户管理等业务，以上业务开展目的在于巩固客户忠诚度，提升客户价值，从而优化资产结构、提高资本收益率。要达到这个目的，金融机构需要识别客户的风险、收益、流失倾向、营销响应概率，在此基础上，金融机构设计客户差异化的管理策略，在实现资源有效配置的同时可以降低管理成本，提升客户满意度。存量客户管理模型体系主要有行为风险模型、交易欺诈模型、行为收益模型、行为流失模型和市场响应模型等。

一、行为风险模型

行为风险模型是存量客户管理中最常用也是最重要的模型之一。行为风险模型是金融机构控制风险的利器，在进行再贷客户营销、市场活动、额度管理等活动中均起到重要作用。行为风险模型通过客户历史行为预测客户未来出现坏账的可能性，是对客户风险全面、准确的评价，目前业内用来开发行为风险模型的方法通常是利用 Logistic 回归模型。

另外，行为风险模型是申请风险模型很好的补充。在申请端可以获取的数据较少，而当客户成为金融机构的存量客户，可以观测到客户更多的行为，利用行为风险模型可以对客户的风险情况进一步评估，对客户的风险把握得更准确。同时，随着外部环境的变化，客户的资质也会发生改变，对客户的风险评价也需要动态调整。

行为风险模型是预测客户风险的模型，其目标变量和客户逾期的严重性相关，客户逾期多少天被认为是坏客户呢？这个由多方面因素决定：一方面，可通过数据分析，分析逾期天数和客户未来变成损失的相关性，作为坏客户的判断标准。另一方面，可结合历史数据长度判断，如果金融机构积累的数据时间长度较短，那么选为坏客户判断标准的逾期天数较短，如果数据积累的足够充分，坏客户的判断标准更依赖于数据分析的结果。此外，如果金融机构的风险容忍度低，坏客户的判断标准就会更加严格。常见的坏客户判断标准通常有逾期30天、60天、90天以上的客户。

行为变量的预测变量主要由客户的交易行为组合而成，行为风险模型预测变量可以基于以下几方面进行考虑。

- 还款行为；
- 消费行为；
- 信用卡取现行为；
- 欠款情况；
- 资金的使用情况。

对于信用卡产品，由于交易行为频繁且被完整地记录下来，可用的预测变量较多。但是对于其他个人消费贷款，金融机构通常只能看到客户的还款情况，对于客户的其他信息了解太少，这对行为风险模型的开发造成很大困难，故金融机构需引入第三方数据进行补充。相对有价值的数据包括央行征信数据、互联网交易数据和浏览数据、银联流水数据等。

行为风险模型用来衡量客户风险，在多种业务中使用行为评分作为客户的准入条件，排除高风险客户。此外，行为风险模型经常和其他模型如行为收益模型、市场响应模型、行为流失模型结合，制定客户的精益化管理策略。行为风险模型还可用来对高风险客户提前预警。对于行为评分很低的客户，风险较高，可结合客户的贷款余额或者额度，建立回访机制，了解客户的实际情况，并更新客户的联系方式，为逾期催收做准备，降低金融机构的损失。

二、交易欺诈模型

交易欺诈指对于信用卡产品，利用伪卡、盗卡、账户盗用等方式进行账户接管，盗取持卡人资金的行为。现在移动支付的兴起给不法分子带来可乘之机，他们通过钓鱼网站、无线 Wi-Fi 等渠道获取持卡人的账户和密码信息，进而盗取持卡人资金，对持卡人和金融机构造成损失。交易欺诈模型指根据客户的历史交易行为预测当笔交易为欺诈的可能性。

银行卡交易的欺诈占总交易的比例较低，但是呈现出多样性、复杂性的特点，对交易欺诈模型的开发带来很大的影响。因其稀疏性，从海量正常交易中找出欺诈交易犹如大海捞针，对模型的精确性要求非常高，通常利用神经网络的复杂性去模拟欺诈的行为特征。由于神经网络具有很强的自学习能力，可以适应欺诈手段日益丰富、复杂的特点，所以这种统计方法经常被用来开发交易欺诈模型。

交易欺诈的目标变量很容易定义，当笔交易为欺诈则为 1，否则为 0，但在实际情况中会面临一些问题。一般情况下，金融机构很难对每笔交易和客户都一一核实，通常只会标识金额较大有异常的交易，但当笔欺诈发生前的一段时间内的交易是否应标注为欺诈交易要视实际情况而定，这对目标变量的定义造成一定的影响。

交易欺诈模型的预测变量通常会比较多，模型的出发点就是通过客户欺诈以前的历史行为特征去对客户进行客户画像，而利用当笔发生的交易特征去和历史行为进行对比。如果当笔交易的行为特征和以前差异很大，那么欺诈的嫌疑比较大，比如预测变量有：

- 当笔交易金额；
- 当笔交易币种；
- 当笔交易时间；
- 当笔交易商户；
- 当笔交易地点；
- 过去 N 次交易的密码输错次数；
- 过去 N 次交易的交易失败次数；
- 过去 N 分钟内的交易次数；
- 过去 N 分钟小额刷卡次数。

交易欺诈模型可构造的变量很多，一般都是通过当笔交易的交易金额、交易时间、交易币种、交易商户类型、交易地点、交易方式等单一变量或者多变量组合在一起，和历史的交易数据进行对比，看是否有差异。

现在创新支付工具兴起，在给人们带来便利的同时，欺诈现象也比较普遍。互联网数据的加入对于用户刻画将有很大的帮助，结合客户的 IP 地址、上网时间、上网地点、浏览和消费的网站等信息可更加全面和准确地刻画用户特征，这有助提高交易欺诈模型的精确性。

交易欺诈模型的实施依赖于信息系统，通常需要大量的历史交易数据，对于时效性要求比较高，需要系统能支持大量的运算。

交易欺诈的实施主要分为实时实施、准实时实施和事后实施三种方式。实时实施指交易欺诈模型参与当笔交易的授权，系统对当笔交易进行评分，对于欺诈风险高的进行授权拒绝或者电话排查。这种方式对系统要求很高，时效性非常强，否则会影响客户感受。准实时实施指根据上笔交易的评分来对当笔交易的欺诈风险进行判断，系统会把上笔交易的评分保留下来，参与下一笔交易的授权，如果欺诈风险高则进行授权拒绝或电话排查。这种方式对系统要求低一些，但只能防范下一笔交易的欺诈风险，对金融机构会造成一定损失。事后实施指的是通过每天跑批的形式对当天的交易进行评分，然后排查高欺诈风险的交易，这种方式对系统要求最低。这种方式实现起来比较简单，对金融机构的银行卡交易影响很小，是金融机构最常用的方式。

此外，交易欺诈模型的实施经常结合交易欺诈规则使用，这是因为欺诈手段层出不穷，对于新出现的欺诈模式，交易欺诈模型通常不适用，需要借助于欺诈规则进行补充。模型总是具有一定的误判率和缺陷，可通过规则尽量弥补模型在这方面的不足。

三、行为收益模型

对于信用卡等产品而言，金融机构的收益通常来自于少部分客户，基本遵循二八定律。因此准确识别高收益客户对信用卡公司来说是非常重要的。行为收益模型是通过客户的历史行为来预测客户未来收益的高低。

金融机构总是希望用有限的资源创造最多的利润。所谓高收益客户指高收益率的客户，金融机构通常用资产收益率来衡量。当然，不同的金融机构会采用不同的方式定义收益率，不同方式下的目标变量定义通常会影响模型的应用策略,在确定目标变量定义时需要考虑模型未来的应用方向。

客户收益的高低由客户自身属性和行为属性决定,通常从以下几方面考虑。

- 客户属性:性别、年龄、学历;
- 消费行为;
- 取现行为;
- 分期行为;
- 逾期情况;
- 额度使用情况。

行为收益模型在存量客户管理中应用也非常广泛,金融机构管理客户无外乎从风险和收益两方面进行考虑。在存量客户管理中,风险由行为风险模型来衡量,而收益则由行为收益模型来评价。金融机构的资源通常会向低风险、高收益的客群倾斜,并清退或压缩高风险、低收益客户的比例,以保证资产结构的合理性。

例如,在信用卡的额度调升策略中,客户准入门槛常常由行为风险模型来控制,但是在设计调额策略时,不仅会考虑客户风险还会考虑客户收益。可依据风险收益矩阵,结合客户的额度占用情况来确定客户的额度调升幅度,从而提高金融机构的收益率,并优化资产结构。

四、行为流失模型

金融机构之间的竞争日益激烈,客户对金融机构的要求也越来越高。金融机构的服务、产品、管理的不佳都可能使客户离开一家金融机构,而投向其他金融机构。由于每个新客户的引入需要大量的成本，并且在目前的情况下，成本越来越高，故金融机构都很重视对流失客户的管理。在客户有流失倾向时，需要通过不同方式了解客户情况，找到客户流失的原因，采取针对性的措施挽留客户，并根据客户反馈的结果改善金融机构经营中出现的问题。

客户流失前的交易行为异常对于客户流失预测比较准确，故行为流失模型的预测变量通常和客户的行为稳定性相关。例如：

- 近 N 个月的交易金额、交易笔数；
- 额度；
- 信用卡到期时间。

可通过央行征信信息获取客户在其他金融机构持有的信用卡情况：

- 持有他行卡的数目；
- 他行卡活跃程度；
- 他行卡额度。

行为流失模型主要用于客户挽留，但在设计客户挽留策略时通常会结合行为风险模型和行为收益模型，根据风险－收益的不同，采取不同的挽留措施。

五、市场响应模型

随着数据挖掘技术的发展和营销理念的转变，粗放式营销策略不再满足服务客户的要求，金融机构追求对客户的精益化营销，提高营销效率，提高客户的满意度。例如，亚马逊公司的推荐系统，不仅给客户带来便利，同时还增加了收入，增强了客户的黏性。市场响应模型多用于衡量客户对市场活动的响应可能性。市场响应模型通常也和风险模型结合使用，筛选风险较优、响应较好的客户群作为营销的目标客户群。

市场响应模型预测变量依赖于需要营销的业务，存量客户业务的营销包括存量客户再贷营销、信用卡分期营销、信用卡取现营销等。不同的营销目标，考虑预测变量的方向不太一样，以存量客户再贷营销为例，主要考量客户对新信贷的需求，市场响应模型预测变量包括以下几方面。

- 最近是否有申请贷款的查询记录；
- 信用卡的额度占用情况；
- 信用卡循环使用情况；
- 收入、负债情况。

此外，第三方数据对市场响应模型的预测非常有帮助。例如，客户最近是否有买车、买房、买奢侈品等大额单笔交易的记录，这些对于客户是否需要新信贷的判断很有帮助。另外，客户的浏览行为信息也可以反映出客户的购物需求，对于判断客户是否需要新信贷也有很大帮助。

大数据对存量计量模型体系的影响

存量管理阶段，客户的行为信息最为丰富，而大数据正为存量管理带来了更广泛的信息输入。大数据的应用对存量计量模型体系的影响最为深刻。

第一，大数据进一步提高了信息的完备性。信息的完备性对提高模型的精准度有很大帮助。例如，金融机构信用卡交易流水和互联网交易流水的趋势对比，对于行为流失模型有很好的预测作用；客户在电商网站购物是否有分期习惯，对于市场响应模型有很强的预测作用；客户线下交易特征和线上浏览特征，对于行为风险模型的预测有辅助作用。循环授信产品之外，其他个人信贷产品缺乏可以观察的交易行为，较难开发行为类评分模型，而引入第三方数据，丰富客户行为观测信息，可以弥补金融机构内部数据的不足。

第二，模型的精益化程度提高。大数据从更多维度反映出不同客户群行为模式的差异，对不同类型客户群能够采集的信息类别差异也很大。例如，中青年人的互联网行为信息非常丰富，但老年人的线上信息则较少。如利用互联网行为进行模型开发，则需要考虑将两类客户群区分开，分别建立子模型。在体现客户群差异化的同时，模型中可纳入更多外部信息，提高模型区分能力，使模型更加精益化。

第三，模型与策略结果更新更为频繁。一般情况下，传统行为风险模型定期更新即可，但是随着大数据的深入应用，由于大数据的更新速度非常快，模型结果的更新速度也随之加快了。特别当重大负面信息出现时，有必要触发模型及更新策略，及时强化风险管理动作。大数据的应用使计量模型与风险决策过程更为及时，也更为复杂。

第四，模型技术日益复杂。传统模型开发最常用的统计方法主要有Logistic回归和决策树等比较成熟的模型，但由于大数据具有多样性、稀疏性的特征，有些模型开发方法可能不再适用，而需要根据实际情况采用不同的算法。

第五章
逾期客户管理

第一节　客户逾期的发生与处置

金融行业是通过经营风险而实现盈利的。客户逾期不可避免,坏账损失是金融机构主要成本之一,而逾期利息、费用又是金融机构收入来源之一。如图5-1所示,逾期客户管理就好像一把"双刃剑",如果能有效管理,不仅可以有效控制金融机构的坏账损失,也可以增加金融机构的收入,否则容易产生大量的坏账损失,消耗银行大量的资本资源。另外,通过对逾期客户的管理,可以获取催收信息,加强对逾期客户的分析,进而发现授信审批政策的问题,将信息反馈给客户引入单元,优化授信政策,实现风险管理的闭环。

一、逾期客户形成

客户逾期指客户在和金融机构约定时间内未履行还款的约定,是银行损失的重要来源之一。客户逾期的原因有很多种,归纳起来主要有两方面:还款意愿差和还款能力不足。

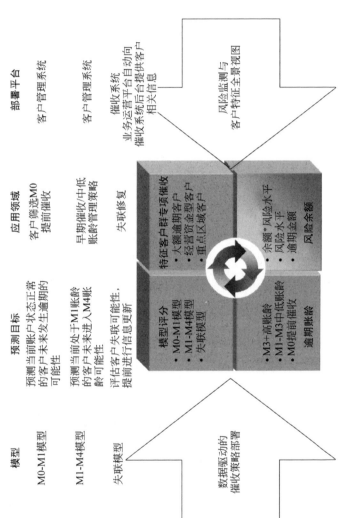

图 5-1 逾期客户管理

还款意愿差指客户的信用意识不强，存侥幸心理，故意拖欠金融机构贷款不还，业内对该类客户称为"老赖"。另外，由于法律纠纷等情况也可能导致客户还款意愿差，如争议交易、欺诈交易等。

还款能力不足指客户没有足够的能力去偿还贷款，这是客户逾期最主要的原因，可以分为三种情况：一是临时性资金周转困难，如当月工资未到账，理财产品未到期，应收账款未收回等，该类客户如果还款意愿良好，逾期时间不会很长，资金到账后自然会将欠款还上。二是经济恶化导致还款能力不足，如生意经营不善、失业、意外伤害、死亡等造成客户的收入下降或丧失，不具备还款能力。三是贷款金额超出经济承受能力，如客户恶意透支、对自己还款能力估计过高等。

此外，即使还款意愿良好且有足够的还款能力也可能因为其他外部客观因素造成贷款逾期，如客户还钱还错银行账户，客户出差或休假无法及时还款，客户忘记还款，客户没有意识到自己有欠款（信用卡年费逾期等现象）等。

逾期的原因和客户自身息息相关，但也和金融机构风险管理有着紧密的联系。逾期客户的出现还有可能是因为金融机构风险管理能力不强，过度扩张，只注重资产规模，而不注重资产质量。现在备受关注的互联网金融创新模式下，如果金融机构的风险管理水平不到位，贷款客户门槛低，审核不严，将会导致大量的逾期客户的产生。

逾期客户管理业务主要包含不良资产处置和逾期催收两部分主要业务。不良资产处置指通过不良资产核销、不良资产打包出售等多种方式，实现资产结构优化。逾期催收指金融机构通过不同的方式触达客户，促使客户还款，降低银行损失。

二、逾期催收管理

逾期催收是逾期客户管理最重要的组成部分，通过不同方式触达客户实现欠款催回，同时对于风险持续恶化的客户采取措施，防止风险敞口进一步扩大。催收工具，包括短信催收、信函催收、电话催收、上门催收、司法催收等。在催收强度上，司法催收强度最高，上门催收次之，电话催收更弱，短信催收和信函催收强度最低。但催收强度越高，所需要的运营成本越高。随着逾期客户的复杂性和触达方式的增加，也不断衍生出新兴的催收方式，如微信催收、警务协作催收、公安催收函等。

- 信函催收。从信函账单衍生出的催收方式和账单的不同点在于，催收信函只针对逾期客户发送，突出催收告知。随着互联网的普及，纸质信函逐渐减少，主要为电子信函。
- 短信催收。通过短信平台发送催收告知，通知客户及时还款，该方式比信函催收更加有效，催收触达客户的可能性更高。
- 电话催收。一般指人工电话催收，是最基本的催收方式，通过与客户的电话沟通，施以不同等级的催收压力，促使客户还款。同时，通过电话催收还可以了解客户的最新信息（债务、偿付能力等），必要情况下更新客户联系方式。语音电话是通过系统自动提示逾期客户还款，可节约人力成本，主要起到提醒作用。电话催收是最通用的一种催收工具。
- 上门催收。通过客户填写的家庭地址或单位地址，登门拜访，面对面地对客户进行催收，同时通过现场观察，获取客户工作、经营、家庭等真实情况。
- 司法催收。通过法院起诉逾期客户，强制让客户履行还款的义务。

从渠道上来看，催收分为自营催收和委外催收两大类。自营催收即金融机构的催收动作是由本机构人员来执行，而委外催收即催收动作是由引入的专业催收公司来执行，以解决金融机构人员不足和部分客户催收运营成本过高的问题。

逾期催收有不同的催收工具，不同的催收渠道，而它们对应的回款效果和消耗的成本都是不一样的。逾期催收的核心在于对不同的逾期客户，采取合适的催收手段。什么时候应该对客户催收？采取什么样的催收工具？如果客户经过催收后没有还款又应该如何催收？这就涉及逾期催收策略的设计。有效的催收策略不仅能降低催收成本，还能提高回款率。

三、失联客户管理

失联即失去联系，是逾期催收中最为常见的问题，同时也是最难解决的问题之一。由于触达客户是逾期催收最基本的前提条件，如果无法触达客户则无所谓催收，更谈不上回款，故失联客户管理对提升催收效果起到重要作用，是逾期催收管理的重要组成部分。

失联分为两种情况：一是主观失联；二是客观失联。主观失联是指客户不接催收人员电话，导致联系不上客户。客观失联就是客户联系方式失效，没有办法联系上客户。主观失联是由客户主观拒绝和催收人员联系导致。催收人员可以通过其他方式，如上门或更换电话号码联系等方式，都有联系上客户的可能性。而客观失联则需要进行失联信息修复。失联修复主要包括内部信息修复和外部信息修复。内部信息修复，是指通过整合金融机构内部的销售系统、审批系统、电销系统等可能记载客户额外的联系信息来进行失联修复。外部信息修复则是通过合法途径获取征信数据、公安系统数据、物流数据、同业共享数据等来修复客户的联系方式。

客户联系方式的维护是一个长期性、持续性的工作。在客户未逾期阶段就应该建立起相应的防失联机制，对于可能产生逾期风险的客户，需定期和客户保持联系，及时更新客户联系方式；对于某些风险较高的客户还可以采用回访机制，及时了解客户现状并确保客户的可联性。

新兴的金融模式下失联的问题更要引起关注。一方面，线上申请的模式下，缺少现场环节，客户有的会提供虚假联系方式、地址、工作证明或居住证明等，在没有有效数据核实的情况下，导致客户失联的可能性增加。另一方面，在失联以后，修复的外部信息较少，像 P2P 行业现在难以获取央行征信数据、公安系统数据，通过外部获取客户联系方式的可能性较小。

大数据解决失联问题

大数据本身就意味着更广泛的数据来源与更庞大的数据输入，通过海量数据信息的搜集与传递，能够精准刻画出客户的个人特征、生活圈子与社交网络。这些数据为金融机构进行真实性核查和风险评估提供了帮助。

在逾期失联客户方面，大数据带来了以下两方面的影响。

第一，提前识别失联客户。传统客户管理过程中，只有当金融机构与客户进行主动联系时，才有可能识别出失联客户。在大数据的帮助下，可以提前识别失联客户，或在客户失联以前及时更新客户联系信息。例如，与外部电商拥有的客户物流信息进行交叉核实，发现客户申请贷款时提供的联系方式与近期网购中使用的任一联系方式均无法匹配，则可能意味着客户更新了联系信息。这时，金融机构就需要采取措施，追溯与客户业务往来的全部信息，如客服呼入电话、联系人信息等，主动发起与客户的沟通与联络，避免客户失联的情况发生。

第二，修复失联客户信息。对于已经失联的客户，需要通过各种途径修复客户信息，大数据可以为失联修复提供一定的解决方案。例如，通过查号台可查得企业联系电话、相关关系人的电话、互联网公开信息等，都是修复失联信息的有效途径。互联网积累的大量关联信息，能够为金融机构摸清客户的工作、生活、社交网络提供帮助。当然，如何在不触及个人隐私的底线范围内应用大数据，还需要行业机构的进一步探索与监管机构的进一步规范。

四、不良资产处置

不良资产处置指银行对逾期客户形成的呆账、坏账进行处理，优化银行资产结构的过程，主要包括不良资产核销和不良资产打包出售等手段。不良资产核销指金融机构承担风险和损失，对符合认定条件的长期逾期账户的逾期本金及利息，按规定程序从账面上剔除的过程。不良资产核销是金融机构处置不良资产最常见的方式，核销长期逾期的账户，更能体现金融机构当前的风险水平和财务状况。财政部印发的《金融企业呆账核销管理办法》对呆账的认定、核销、管理与监督做了明确的规定，金融机构不良资产核销必须严格按照管理办法规定执行。

银行通过打包将不良资产出售给资产管理公司是较快甩掉不良包袱的一种方式。购买不良资产的金融资产管理公司可通过诉讼追偿、资产重组、出售等方式实现盈利。1998年末召开的中央经济会议决定组建金融资产管理公司。从1999年开始先后成立了信达、东方、长城、华融四家资产管理公司,专门接受并处理四大国有商业银行的不良贷款,最大限度地实现不良资产处置变现的目的。随着四大金融资产管理公司政策性不良资产收购任务的完成,从2007年它们开始纯商业化运作,收购和处置金融机构剥离的不良资产。

五、逾期信息管理

在整个信贷运营的过程中,逾期催收管理并非割裂出来的独立业务环节,而是与客户引入、存量管理密切相关的。逾期催收并非催回账款了事,而是要从逾期信息中挖掘出不同客户群和产品的风险特征,从催收信息中识别客户的行为特征,从而向贷前、贷中进行反馈,是形成风险全流程闭环管理中非常关键的一步。逾期信息对金融机构来说是一笔宝贵的财富,是客户风险预测的数据来源,只有做好了这部分信息积累工作,方能完整评价客户的风险-收益情况,反推前面的业务环节,知晓客户引入与客户管理的具体方向。

一方面,在逾期客户管理过程中会通过监测体系,跟踪在逾期客户管理中出现的问题,提高运营效率。同时,通过监测体系监控催收策略是否有效,是优化催收策略的基础。通常,逾期客户运营监测的对象有两部分:一部分是监测最终结果,包括账龄、区域、渠道、计量模型、开户时间、催收公司、催收方式、催收策略等，监测指标包括逾期金额、不良金额、核销金额、逾期率、不良率、各账龄滚动率、化解率、回款率等；另一部分是监测催收过程，如第一次催收距逾期时间、催收日期、催收时间、催收手段、催收结果，第二次催收距逾期时间、催收日期、催收时间、催收手段、催收结果……

第一部分指标监测的作用在于可以快速掌握金融机构各维度和整体的风险情况及催收策略的效果，有利于下一步催收工作的安排、催收目标制定等，及时调整和优化催收策略。

第二部分的监控是对催收全流程的监控，催收讲求的是"在对的时间采取对的方式"。什么时候该进行催收，采用什么方式，隔多长时间应再次催收，再采用什么方式，这些环节的设置对回款都会有影响。故催收全流程的监控对于催收策略的设计和优化都有重要的意义。

另一方面，在逾期管理阶段通过跟踪及监测的情况，可以及时发现客户的问题、流程的问题甚至是授信政策的问题。例如，基于早期逾期信息的反馈，在存量客户管理阶段能够获知高风险客户群的来源与行为特点，有的放矢地进行存量管理。即使是暂未发生逾期风险的客户，由于其与其他已经发生逾期的高风险客户具有同样的客户特征与行为特征，可以归类为高风险客户群，在存量阶段就需要采取客户主动触达、信息确认、贷中检查、降低授信、提前清收等管理措施，及时控制风险，降低风险发生的概率或缩小风险敞口。这也是风险预警体系的重要组成机制之一。又如，从逾期管理再向前延伸至客户引入阶段，基于后端逾期信息的反馈，可将风险客户特征提炼为客户营销与准入阶段的有效信息，将其传递给销售及审批端，从一开始就杜绝高风险客户的引入。例如，在对逾期客户的分析过程中，识别出频繁更换工作的授信客户，由于其工作稳定性较差，还款能力不足，且存在较高的逾期失联风险，就可以将此特征总结为政策规则，在营销与准入阶段，避免引入此类客户，从而降低业务逾期风险。

第二节　逾期催收计量模型体系

逾期催收的核心能力在于催收策略的设计，有效的催收策略不仅能降低金融机构的催收成本，还可以提高回款率。因逾期客户具有差异性，对于不同的客户应采取针对性的催收方式，如对临时忘记还款的客户只需要短信提醒，对失联客户应及时通过外部渠道进行信息修复并催收。差异化管理策略是精准化催收的基本思想，而差异化管理策略的基础是客户分群。

催收计量模型是逾期客户分群的重要依据，通过催收计量模型可以识别客户的风险情况，对不同风险的客户采取不同的催收手段。常见的催收计量模型包括账龄滚动率模型、行为模型和失联模型。

一、账龄滚动率模型

逾期账龄指客户未按约定时间点还款的违约时间长度，逾期账龄越高，客户的风险越高。逾期账龄是通过逾期天数来定义的，例如：

M1 客户：逾期 1～29 天的客户；

M2 客户：逾期 30 ~ 59 天的客户；

M3 客户：逾期 60 ~ 89 天的客户；

……

账龄滚动率模型是逾期催收中最常用的模型，用来预测每一账龄的客户迁徙到下一账龄的概率。评分越低的客户，迁移至下一个账龄的概率越高，客户的风险越高，在下个月内还钱的可能性越小。账龄滚动率模型包含 M0-M1 滚动率模型、M1-M2 滚动率模型、M2-M3 滚动率模型、M3-M4 滚动率模型。账龄滚动模型通过历史特征数据分析，预测未来表现，常用的模型开发方法包括 Logistic 回归模型和决策树。

M0-M1 模型：当前是正常客户，预测下个月会变成 M1 客户的可能性。

M1-M2 模型：当前是 M1 客户，预测下个月会变成 M2 客户的可能性。

M2-M3 模型：当前是 M2 客户，预测下个月会变成 M3 客户的可能性。

M3-M4 模型：当前是 M3 客户，预测下个月会变成 M4 客户的可能性。

以上四个模型构成了账龄滚动率模型体系，也许有人会问：为什么没有 M4-M5、M5-M6 更高账龄的滚动率模型？当客户逾期 90 天及以上，还款的可能性急速下降，这时金融机构的主要目标是如何尽量挽回损失，通常对该部分客户需要采用最为严厉的催收方式，促使客户尽快还款。在这种情况下，催收策略的制定不太依赖于催收模型，故高账龄滚动率模型开发的意义显得并不重要。

账龄滚动率模型通常采用的信息包括客户的行为信息和催收信息，低账龄的滚动率模型行为信息的比重更高一些，中高账龄的滚动率模型则催收信息的比重更多，常用的预测变量包括：

- 消费行为；
- 取现行为；
- 额度使用情况；
- 还款情况；
- 催收结果；
- 打破承诺次数。

M0-M1滚动率模型是对正常客户进行评分，和其他的滚动率模型有一定差异，M0-M1评分主要应用在提前催收和监控预警上。它的应用很广泛，如利用M0-M1评分将客户群分为高风险客户群和低风险客户群，其中高风险客户群未来逾期的可能性很高，金融机构对该部分高风险客户群建立回访机制，在了解客户的实际情况的同时确保客户的可联性，如果发现在其他机构有共债或已经逾期的情况则应采取限制客户交易、提前催收等措施。

M1-M2、M2-M3、M3-M4滚动率模型在催收策略制定上的出发点是一样的，通过评分来区分客户风险，对高风险客户采用强烈的催收手段，尽早挽回损失，对低风险客户采用缓和的催收策略，节约催收成本。

二、行为模型

行为模型在第四章中已经介绍过，主要是用来预测客户未来变坏的可能性，主要包括M0行为模型和M1行为模型。行为模型在存量客户管理阶段有着非常广泛的应用，在逾期催收方面也广泛使用。

行为模型主要利用客户的交易行为特征和还款行为特征去考察客户未来变坏的可能性，客户未来变坏有一定的表现期，行为模型反映的是客户可能变坏的长期表现，但对于下个月客户是否逾期预测性很弱，故行为模型可认为是客户资质的体现。逾期客户管理主要集中在资质差的客户身上，该部分客户是催收的工作重点，可以通过行为模型来识别。账龄滚动率模型主要体现客户的短期风险。行为模型通常和账龄滚动率模型结合使用，从长期和短期两方面的风险来划分客户群，对客户的评价更全面、更准确，在制定催收策略时也更加有针对性，可更有效地提升催收效果。

三、失联模型

失联对催收产生了非常大的阻碍，尽早了解客户是否失联对催收有很重要的意义。客户是否失联的信息通常来源于催收结果，但准确定义失联客户是一个难题。单次催收无法触达通常不能判断客户是否失联，客户因为手机信号弱而没有接听导致催收人员无法触达客户的情况时常出现。故对于是否失联需要综合一段时间的催收结果进行判断，若该段时间内催收人员拨打过多次电话，且在一天之内的不同时段反复拨打电话，均无法联系客户，才能判断为失联。

失联模型是基于历史数据，预测客户发生失联的可能性，希望将失联由事后发现变成提前预知。但是，失联模型的开发对于金融机构是一项重大的挑战，客户失联的原因很多，提供虚假材料、恶意贷款、因抵触催收故意不接电话、信息更新不及时等都可能造成客户失联，失联原因的复杂性和多样性给模型开发带来很大的困难。

此外,金融机构除在申请时点收集客户信息外,在后续的客户管理中,积累的数据更多的是客户的行为数据和逾期数据。实践表明,该部分数据对于客户的风险预测很有帮助,但是很难反映客户失联的可能性,对失联模型的开发贡献较小。

内部数据的不足造成的模型预测能力不足,因此需要更多地引入外部数据来增强模型的预测能力。例如,通过社保数据增加客户工作的稳定性评估,用互联网数据增加居住地的稳定性评估,以电信运营商数据增加联系方式的稳定性评估等,同时结合金融机构内部的用户信息、交易信息,共同提高失联模型的预测能力。

失联模型的预测变量通常需要结合金融机构内部的客户信息、交易信息、催收信息、营销信息等,同时结合第三方信息来提高模型的预测能力,主要关注客户以下信息。

- 交易情况;
- 贷款余额情况;
- 额度占用情况;
- 最近一次联系客户时间;
- 联系方式变更情况;
- 户籍信息;
- 工作家庭情况;
- 历史催收结果。

失联模型主要应用于催收策略的制定,另外在存量客户管理阶段也常和行为模型结合使用,对于风险较高、失联概率较高的客户,需要及时了解客户的实际情况。如果发现客户已失联,则需及时采取措施修复客户信息,降低失联率,尽量确保客户可联;

甚至可采取限额等措施提前将金融机构的损失降到最低。

第三节　逾期催收管理策略

　　两个催收主管在聊天，A 主管在向 B 主管抱怨。

　　A 主管：催收工作太难做了，我们催收团队只有 50 人，每天要处理的逾期客户却有两三万人，我的员工女生当男生用，男生当牲口用，还是没有办法完成催收任务，回款效果也不理想，还整天被客户投诉。

　　B 主管：我们团队和逾期客户规模与你们的差不多，不过我们的员工还算轻松，虽然逾期客户数量很大，但有 20% 的客户会自动还钱，不用我们去催收；30% 的客户基本上回款的可能性非常小，我们在这上面没有花费太多时间；18% 的客户只要收到提醒信息就会还款，这部分通过系统平台自动实现，也不需要太多的人工干预；剩下的客户才是我们工作的重点，对该部分客户我们也按照客户群特性采用合理的催收方式，高效地进行催收，所以我们的催收工作做得很好，多次受到上级领导的赞许。

　　A 主管：你们做得太好了！请问你们是怎么做到的？我怎么样才能知道哪些客户不用催收？哪些客户还款的可能性非常低？你们真是太神奇了！

　　B 主管：我们催收团队的背后有专业的大数据挖掘团队给我们支持，他们通过大量的数据分析，并根据客户的历史行为信息开发出大量的催收相关模型，我们根据模型结果对客户进行分类，从而采用不同的催收策略，通过精益化的客户管理手段提高催效率。

逾期催收策略制定考虑如何用最小的成本取得最有效的催收效果,这就要求对客户实行精准化管理,根据不同的客户群制定有针对性的策略,如果大部分时间都浪费在催收那些不用催就会还款的客户身上,既浪费了时间又会降低客户的满意度。同时,对于风险较高的客户,也可能没有匹配足够的资源和应有的强度进行催收。

一、催收管理策略

1. 基于账龄管理的催收策略

如图 5-2 所示,传统催收策略以客户逾期账龄为主要分类依据,对逾期天数越短的低账龄客户催收强度越低,相反高账龄的客户可能面临上门催收等高强度的催收方式。该策略制定的出发点在于逾期天数越长,风险越高,可能造成的损失越大,故账龄越长,催收措施越严厉。

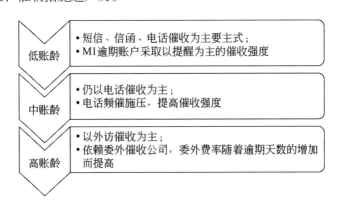

图 5-2 催收管理策略

低账龄客户刚刚逾期，风险相对较低，大部分客户未来还款的可能性比较大，催收强度较低，主要通过短信、信函、电话催收等方式，催收以提醒客户还款、了解客户情况为主；对于某些高风险的客户也要及时关注。中账龄客户风险变高，如果不能回款，客户将会变成高账龄客户，对资产结构会产生较大的影响。故该部分客户的催收强度需加大，可以通过电话频催等方式给客户施加压力，促使客户尽快回款。高账龄客户风险较大，未来回款的可能性比较小。因为高账龄客户前期已经被多次催收，通过电话催收已经很难让客户回款，故对该部分客户主要以外访催收为主。对于外访催收仍然不能回款的客户只能通过司法强制的手段使其回款，降低金融机构的损失。

基于账龄管理而制定的催收策略出发点很容易被理解，实施起来也非常便利。该策略主要的缺陷在于未对客户的逾期原因进行分析，分类仅仅依据逾期账龄，而逾期敞口、还款意愿、还款习惯、催收行为反应等重要信息均未纳入，分类较为粗略。金融机构处于起步阶段时，因为数据的积累不够，难以支持对客户做进一步的细分，故常常会采用基于账龄管理的催收策略。

2. 基于客户特征细分的催收策略

基于客户特征细分的催收策略是指通过大量的数据分析，挖掘逾期客户特征，根据客户风险特征制定相应的催收策略。

图5-3是基于客户特征细分的催收策略举例，可在逾期账龄的基础上结合外部数据和催收结果制定下一步的催收策略。对于M1、M2低账龄逾期的客户，目标是发现高风险客户，如失联客户、他行逾期客户等，对该部分客户尽早采取强硬催收措施，降低损失。催收过程着重在于了解客户的逾期原因，对有意愿还款但无

能力的客户，需要采取措施降低客户还款压力，如适当减免手续费或者采用展期等形式；而对于有能力还款却无意愿的客户则要采取严厉催收措施，通过各方面施压促使客户还款。M3客户是比较敏感的一批客户，如果不能回款，该部分客户将被视为不良客户，对资产结构产生较大影响，故对该部分客户需尽力全面清收，控制新增不良客户的规模。M4及以上的客户，逾期情况严重，客户回款可能性较小，主要依托落地和司法催收，尽量将金融机构的损失降到最小。

M1客户群
- 失联客户：落地催收
- 他行逾期：电话催收较高级别
- 有意愿无能力：展期降低客户还款压力
- 其他客户：短信、信函、电话催收

M2客户群
- 失联客户：落地催收
- 大额逾期客户：落地催收
- 有能力无意愿：电话催收最高级别
- 其他客户：电话催收

M3客户群
- 失联客户：落地催收
- 大额逾期客户：落地催收
- 有能力无意愿：落地催收
- 其他客户：电话催收较高级别

M4-M6客户群 { 全面落地，司法催收

M6+客户群
- 全面落地，司法催收
- 核销

图 5-3　基于客户特征细分催收策略

基于客户特征细分的催收策略相对基于账龄管理的催收策略更加精细化，也更具有针对性，可大大加强催收效果。但基于客户特征细分的催收政策需要数据挖掘和系统的支持，没有较完善的催收系统很难实现催收数据的分配和策略作用的发挥。

3. 基于模型的催收策略

基于模型的催收策略思路和基于客户特征细分是一致的，但

催收模型是对客户的一个综合性评价,更全面、更准确。催收相关计量模型通常包括账龄滚动率模型、行为模型、失联模型等。通过计量模型可以将逾期客户按风险划分为不同的等级,针对不同等级设计不同的催收策略。

通过模型划分客户风险等级有两种方法:一是根据客户的违约概率,即客户不还款的可能性;二是根据客户的风险余额,即客户不还款的可能性 × 客户欠款金额。以风险余额为基准的客户分组,综合考虑违约概率和金额,有利于金融机构将精力主要集中在风险余额大的客户身上,解决主要矛盾。

高账龄客户催收的主要目标是控制损失,实施催收更应注重渠道建设,如部署催收公司、公安、法院、分支网点合力开展催收,促进存量化解,而催收计量模型的作用并不是很大。对于低账龄客户群体,催收计量模型有充足的用武之地。例如,在客户未逾期之前就可通过行为模型和 M0-M1 滚动率模型筛选出高风险客户,以便提前关注和提前催收。而对于低风险客户,催收主要是以提醒为主或者不催收,甚至可以培养一部分客户的逾期习惯,该部分客户风险较低但又能创造出非常高的收益,对提高金融机构的收益率有着很大的帮助。

客户分群对模型的依赖性较强,但是分群不能脱离实际业务。例如,对金融机构的 VIP 客户等应成立专案组单独进行催收,在保证催收效果的同时也应注重客户的感受,维护和客户的良好关系。又如,对欺诈客户应设立专门的人员进行管理,通过司法手段尽可能挽回损失。此外,催收计量模型的开发对数据的依赖性很强,既需要保证历史数据的时间长度又要保证历史数据的质量,对催收系统和催收数据要求很高。

无论采取什么样的催收策略，金融机构都需要持续优化催收策略。随着业务的发展，客户群体的变化，以及其他外部环境的改变都会导致催收策略的效果变差，金融机构应及时对催收策略进行调整和优化。

但是策略优化并不是一蹴而就的事情，通常可采用冠军和挑战者方式进行。冠军策略为原催收策略，挑战者策略为新策略。随机抽取一定比例的客户应用挑战者策略，其他客户保留原有催收策略，这样对业务的影响相对较小，保证业务和风险指标的稳定。在策略应用后，监测、比较冠军策略和挑战者策略的优劣性，当实践证明挑战者策略优于冠军策略时，就可利用挑战者策略取代原有策略，扩大应用范围。

冠军策略和挑战者策略具有很多的优越性。①保证业务的稳定性。实际业务的开展中，业务的稳定性很关键，否则会让催收人员难以适应，催收工作很难开展。②可同时设计多个挑战者策略。随机抽取不同的客户群体，分别应用多个挑战者策略，根据后续应用监测结果，选取表现最好的策略作为最终上线的策略。③提高催收效果。通过不断地尝试和比较，选择最优策略，提高催收效果。

大数据改变催收策略的制定方式

简单地说，催收策略确定的就是对什么样的人，使用什么样的催收工具与手段。大数据的应用，使金融机构对客户的刻画更为精细，不同客户对于不同催收手段的不同反应，也能够通过大数据来挖掘规律。

例如，对于一个几乎没有上网记录的客户，发送电子邮件进行催收，几乎起不到触达效果，采取语音提醒可能效果更佳；如果移动运营商记录反映出客户的可联手机在白天工作时间内均处于关机状态，只有在非工作时间才有通话记录或上网记录，那么电话催收的时间安排就需要定在晚上或休息日；对于一个大数据挖掘出的"微博控"，同样内容的催收还款提醒文字，通过微博私信发送比通过手机短信发送的效果更好。

这些例子都说明，大数据正从更广的范围内收集客户更多层面的信息，使得金融机构能够对客户的反馈做出更为精准的预测，从而采取更优的催收方式，提升催收效果。

二、委外催收公司管理策略

随着金融信贷行业的发展，特别是信用卡和小额贷款的快速发展，管理工作压力也越来越大。由于个人信贷业务客户具有金额小、数量多、地域分布广、无抵押的特点，给催收工作带来了很大的挑战。另外，催收人员的管理难度也很大，催收人员的流动性高，管理成本较高。因此，金融机构开始寻求和专业的催收公司进行合作。催收公司利用专业能力对金融机构的逾期客户进行催收，降低金融机构的催收人员管理成本，提高催收效率，同时可以通过催收公司丰富的社会资源，对客户信息进行完善和补充。

委外催收可以很好地帮助金融机构降低催收成本，提高回款率，但同时也面临着很多问题。一是国内催收公司缺乏统一监管，催收公司良莠不齐，在催收过程中要确保业务的合规性，避免客户投诉、损坏金融机构形象。二是信息安全问题严重。催收公司需要从金融机构获取贷款人的联系信息、欠款信息、身份信息等进行催收，要谨防信息泄露。三是委外催收常常面临定价难的问题。因为金融机构无法准确测算委外客户回款的比例，合理定价是保证双赢的关键。因此，金融机构在对催收公司的管理上应制定相应的管理策略，保证催收工作合法合规。

首先，建立完善的准入和退出机制。在选择催收公司时，应通过实地考察、同业咨询等措施，对催收公司的经营历史、软硬件情况、管理制度、催收人员素质、信息查询渠道等进行评估，保证催收公司的资质。另外，对催收机构要有明确的考核和退出机制，筛选业绩优异机构、淘汰业绩不良或操作不合规的催收机构。

其次，建立明确的信息保密制度。信息泄露是金融机构严重的风险事件，故在和催收机构合作的过程中，要签订保密协议，规范信息的传输、应用、保存、销毁等各个环节，防止信息泄露。

再次，加强与合作机构的伙伴关系的培养。根据公司资质、支持力度与催收业绩，明确金融机构的核心委外催收公司，与核心催收机构建立长久有效的战略合作伙伴关系，有利于催收机构的催收资源向金融机构倾斜，保障催收效率。

最后，要有合理的定价机制。催收机构经营是以盈利为目的，追求利益的最大化。合理地定价才能提高催收公司的积极性，达到催收效果的最优。根据客户的回款可能性进行差异化定价，并在此基础上增加实际回款率的差异化定价，回款率越高，则佣金比例相应提高，如此能够协助催收公司取得更好的催收效果，达到双赢的目的。

第六章
全面风险管理

第一节　巴塞尔新资本协议

20世纪70年代，随着布雷顿森林体系的瓦解，外汇市场波动剧烈，金融衍生工具不断创新，金融投机盛行，银行监管不力，尤其对于国外机构的监管严重缺失，由此引发欧美严重的银行危机，原联邦德国的赫斯塔特银行和美国的富兰克林国民银行相继倒闭，促使国际银行业反思银行的监管问题。1974年在国际清算银行的倡导和支持下，西方十国集团中央银行行长在国际清算银行总部瑞士巴塞尔召开会议，并成立了巴塞尔银行监管委员会（以下简称巴塞尔委员会），该委员会的目的在于加强国际合作，建立银行监管标准，提高银行风险管理水平，维护国际银行业健康发展。

1975年9月，巴塞尔委员会出台了第一版巴塞尔协议，并在1983年5月进行具体化和明细化。协议主要强调两个观点：①任何银行的国外机构都不能逃避监管；②母国和东道国应共同承担的职责。第一版巴塞尔协议非常简单，并未提出具体可行的监管标准。

1988年7月巴塞尔委员会通过了《关于统一国际银行的资本

计算和资本标准的报告》(常称为"旧资本协议")。旧资本协议是第一版巴塞尔协议的巨大进步，它建立了全球统一的银行风险管理标准，提出了操作可行的监管标准，明确资本分类和风险加权资产的计算标准，强调资本充足率对于风险管理的重要性，利用资本约束银行发展，防止银行过度扩张。

随着世界经济一体化，金融国际化加剧，金融衍生工具交易量快速膨胀，银行业务更加多样化和复杂化，旧资本协议在实践中出现很多问题。一是过度强调资本充足率的重要性，忽视银行风险管理。1993年年底资本充足率远超过8%的巴林银行在1995年倒闭，反映出资本充足率作用的不足。二是只强调信用风险的重要性。巴林银行、大和银行的倒闭和亚洲金融危机让银行业意识到银行的风险不是由单一风险构成，而是由信用风险、市场风险、操作风险等多种风险相互交织而成。三是资本充足率计量缺乏敏感性，旧资本协议根据资产负债表中的表内外项目进行分类并确定其风险权重，但是没有考虑同类资产中的风险差异。四是容易造成银行资本套利，旧资本协议对于银行通过资产证券化等将信用风险转化为市场风险的行为，没有配以相应的风险权重，银行很容易实现资本套利。利用资本来约束银行过度扩张的理念无法得到实施。

2004年6月，巴塞尔委员会发布了《统一资本计量和资本标准的国际协议：修订框架》(常称为"巴塞尔协议Ⅱ"或"新资本协议")。新资本协议是旧资本协议上的一次质的飞跃，对旧资本协议进行了全面修订。新资本协议保留了旧资本协议中资本充足率的核心理念，增加了监督检查、市场约束，这三大支柱相辅相成，构成了银行风险评估的有机整体。

和旧资本协议相比，新资本协议的进步体现在：一是建立更全面完善的风险监管框架，在强调最低资本要求的同时，重视监管当局的监督检查，同时引入市场约束，要求银行进行有效的信息披露，发挥市场的监督作用，从内、外部加强对银行的风险监管。二是扩大资本充足的约束范围，防止银行通过资产证券化等手段进行资本套利。三是风险权重更具敏感性，引入外部评级，根据外部评级和资产分类确定资产的风险权重，增加风险权重的敏感性。四是重视风险计量技术，不管是信用风险、市场风险还是操作风险，新资本协议在提供标准权重方法计量风险资产的同时，鼓励银行采用风险计量技术来计量风险，增强风险资产的敏感性，给予银行足够的自由度。五是全面加强风险管理理念，从单一信用风险到全面风险管理，增加了风险管理的广度和深度。

2007年美国次贷危机爆发，雷曼兄弟公司的倒闭打破了"大而不倒"的神话，并迅速引发全球性金融危机。世界各国大量企业破产，失业率激增，经济增速放缓甚至出现严重倒退，股市、房市长期低迷。巴塞尔委员会针对危机中出现的杠杆率过高、流动性不足、顺周期过度扩张等问题在2010年12月发布了《巴塞尔Ⅲ：更稳健的银行和银行体系的全球监管框架》和《巴塞尔Ⅲ：流动性风险计量、标准和监控的国际框架》。

巴塞尔协议Ⅲ在巴塞尔协议Ⅱ的基础上对银行提出更加严格的要求，但依然维持着巴塞尔协议Ⅱ的框架和计量体系，是对巴塞尔协议Ⅱ的补充。主要体现在：①增强资本特别是一级资本的要求。②对资本充足率要求更严格，提高一级资本充足率的比例和由普通股构成的一级核心资本充足率的比例，设立资本留存缓冲和逆周期资本缓冲，防止银行在顺周期的情况下过度扩张。

③增加杠杆率要求,这是对资本充足率的重要补充。④增加流动性监管要求。

巴塞尔委员会吸取了国际先进银行风险管理经验,并在危机中进行反思,在实践中改进,使巴塞尔协议始终代表着先进的风险管理理念,并且它的科学性、合理性和可操作性令其成为国际银行界的监管标准。银行管理是否满足巴塞尔协议的规定成为衡量银行风险管理水平的准则之一,而巴塞尔新资本协议的出台也预示着银行风险管理从传统的资产负债风险综合管理模式进入以资本为约束的全面风险管理模式。

第二节 全面风险管理

一、风险管理目标

巴塞尔资本协议下的全面风险管理的目标是金融机构在资本约束下实现利润的最大化,如何理解资本约束呢?资本约束的作用是什么?下面解释几个概念。

预期损失(expected loss,EL)指可预计的损失,也就是损失的平均水平。因为预期损失是可以预料到的损失,实际操作中金融机构以计提准备金来覆盖;并且因为预期损失的可覆盖性,故预期损失不构成真正的风险。

极端损失(catastrophe loss,CL)指在极端不利情况下发生的损失,具有发生概率小但损失巨大的特点。金融机构通常难以控制该类损失,一般只能采取一定的缓释手段进行转嫁,如保险。

非预期损失（unexpected loss，UL）指在一定置信水平下发生的损失超出最大预期损失部分。非预期损失不可预料但发生的可能性较大，金融机构无法通过定价转移方式转移。

巴塞尔协议中规定非预期损失需要通过金融机构资本来覆盖和吸收，那么金融机构持有的资本需要超过金融机构面临的非预期损失，这就是资本约束的含义。因此金融机构追求的目标是在非预期损失不超过该机构持有资本的情况下实现利润的最大化。金融机构用来覆盖非预期损失的资本称为经济资本，而监管机构要求金融机构覆盖非预期损失所持有的资本称为监管资本，即巴塞尔协议三大支柱之一最低资本要求。经济资本和监管资本在概念上非常相近，常常被人混淆，两者虽有联系但也有着很明显的区别。

监管资本是监管机构所要求的金融机构需持有的资本，在金融机构发生意外损失时用于吸收损失，是信用风险、市场风险和操作风险最低资本要求之和。巴塞尔协议给出的监管资本计算方法有标准权重法和风险计量法，并鼓励金融机构采用敏感性更高的风险计量法，这样，监管资本更能体现金融机构实际面临的风险情况。经济资本是金融机构管理者根据内部数据测算承担非预期损失所需要的资本，并不直接体现在账面上，是一种虚拟的资本。换句话说，如果巴塞尔协议没有最低资本要求，那么金融机构所持有的能覆盖非预期损失的资本就是经济资本。

二、风险管理体系

为实现资本约束下的利润最大化，金融机构需要建立完善的全面风险管理体系，它是由文化、组织、流程、政策、技术等方面组成的有机整体。和传统的风险管理理念相比，全面风险管理具有全面性、主动性、定量性、精益化、组合性等特点。

1. 全面风险管理的全面性

全面风险管理考虑信用风险、市场风险、操作风险、流动性风险等多种风险，其中又以信用风险、市场风险、操作风险最为常见，也是新资本协议中监管资本需覆盖的风险范围。现阶段金融机构面临的风险最主要的还是信用风险，也是风险管理的主要对象，金融机构在重点管理信用风险的同时，不可忽视其他风险。

2. 全面风险管理的主动性

被动性风险管理的目标在于风险指标控制，由风险识别、风险分析、风险控制、风险监测四个环节构成，并形成闭环管理，从而达到控制风险的目的。主动性风险管理在被动性风险管理的基础上更注重资本的分配，调整资产组合机构，在风险控制的条件下实现利润最大化，由控制风险转变为经营风险，让银行真正能够通过经营风险而获得收益。

3. 全面风险管理的定量性

全面风险管理以定性、定量相结合的方式进行管理，风险计量技术贯穿全面风险管理的全流程。通过风险计量模型可以对客户的风险、收益、市场响应等方面进行准确衡量，对客户的精益化管理提供了非常有效的手段，同时对于资产组合管理、资本配置计划等都起着非常重要的作用。

4. 全面风险管理的精益化

精益化管理对于提高金融机构运营效率具有重要的意义。金融机构客户相互之间存在很大差异，客户的差异性要求客户管理时采用有针对性的管理策略。例如，在市场营销时，如果金融机构能预知客户接受营销的可能性，市场营销便可改变传统广撒网的营销策略，大幅度降低营销成本，提高营销效率，这可以增加客户的满意度。

5. 全面风险管理的组合性

现代资产组合管理是在 20 世纪 50 年代由美国经济学家马柯威茨提出的，他认为分散性的投资组合收益回报要比单一资产的投资更加稳定，通过调整投资组合的比例达到有效边界，在风险一定的情况下可以达到投资组合收益的最大化。马柯威茨的资产组合理论和全面风险管理的目标是一致的，故越来越多的金融机构开始使用组合管理的方法来管理资产，通过管理资产组合来实现金融机构的总体目标。

第三节　资产组合管理

20 世纪八九十年代，银行业在房地产、能源等行业损失惨重，亚洲金融危机更加暴露信贷组合结构失调的问题，由此引发了信贷资产组合管理的创新理念。信贷资产组合管理指通过在行业、产品、地区、期限、客户群等多个组合维度对信贷资产进行管理，降低银行的信贷集中性风险。在风险可控的情况下，追求信贷组合风险调整后的收益最大化，资产组合管理是全面风险管理的核心理念。

在资本约束的条件下，通过资源配置、调整资产结构从而达到金融机构的既定目标是组合管理要解决的问题。金融机构资产组合管理的基本思想是提高优质资产组合的资本配置，降低劣质资产组合的资本配置。如图 6-1 所示，金融机构通过客户细分、评价机制、原因分析、措施设计、监测体系五个环节来进行资源动态配置，调节资产结构，从而达到既定经营目标。

一、客户细分

客户细分本质上就是将金融机构资产拆分成不同资产项的过程，而金融机构通过对不同资产项的组合配置进行动态管理，从而达到经营目标。客户细分可以根据行业、产品、期限、风险分池、客群特征等来划分，常见的划分方式有以下几种。

- 按行业划分：医疗卫生、石油化工、纺织服装、交通运输等。
- 按期限划分：短期、中期、长期。
- 按风险划分：低风险、中风险、高风险。
- 按区域划分：东北、华北、华东等，或者直接按城市划分。
- 按产品划分：高端客户、中端客户，或直接按照产品划分。
- 按特征划分：工薪客户、生意客户；高收入客户、中收入客户、低收入客户。

客户群划分不一定依赖于单一特征划分，可以根据多个特征划分，如区域和产品，区域和行业等。客户群的划分通常具有一定的业务含义，便于指导业务开展，也便于管理措施的落地。

二、评价机制

资产组合管理核心指标是风险调整后资本收益率（RAROC）和经济增加值（EVA）。风险调整后资本收益率(RAROC)是由美国信孚银行（Bankers Trust）于 20 世纪 70 年代提出，其最初的目

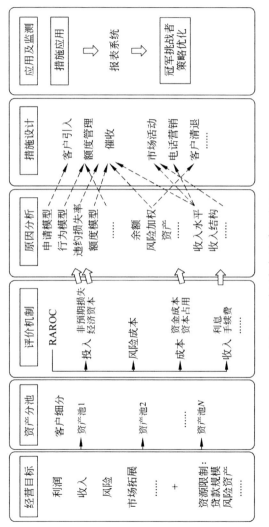

图 6-1 金融机构资产组合管理

的是为了度量银行信贷资产的风险,测算风险暴露损失所需的权益资本,后来逐渐被银行业所认可,并成为全面风险管理的核心指标。

$$RAROC = \frac{总收入 - 营运成本 - 资金成本 - 风险成本(预期损失)}{经济成本}$$

RAROC的核心思想是将风险带来的未来可预计的损失,量化为银行当期成本,并对金融机构当期盈利进行调整,进而衡量资本的使用效益,使收益与所承担的风险直接挂钩,与机构最终的盈利目标相统一。

RAROC衡量的是资本的收益率,没有考量规模的因素,银行通常采用经济增加值(EVA)来衡量经济资本的规模效益。

EVA= 总收入 − 营运成本 − 资金成本 − 风险成本 − 资本占用费

其中资本占用费 = 经济资本 × 经济资本期望收益率,当EVA大于零时,表明资本的收益率大于期望收益率,否则资本收益率小于期望值。RAROC和EVA是有紧密联系的,当RAROC大于资本期望收益率时,EVA大于零,否则小于零。

RAROC的计算依赖于风险成本和经济资本,是违约概率(PD)、违约损失率(LGD)、违约风险暴露(EAD)和期限(M)的函数,而PD、LGD、EAD、M都是新资本协议内部评级法的核心指标。PD/LGD/EAD模型通常是以资产池的形式存在,当客户处于相同资产池的时候,表明客户风险具有同质性;当客户处于不同的资产池时,表明客户风险具有异质性。相邻资产池之间的风险参数差异不能过小,也不宜过大。如果差异较小,表明两个资产池之间风险差异较小,则可以合并;如果差异过大,表明资产池的划分不够精细,可以对资产池重新划分。

图6-2所示的违约概率(PD)模型预测客户未来发生坏账损失

的比率，PD 模型预测的通常是未来一年客户发生违约的可能性。在实际开发中违约概率模型通常由申请模型和行为模型构成。违约率越高，表明客户的违约风险越高。

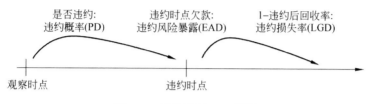

图 6-2　违约概率 (PD) 模型

违约风险暴露 (EAD) 模型预测客户未来发生违约时客户的风险敞口。违约风险暴露分两种情况：一是循环授信；二是非循环授信。非循环授信的情况下，根据巴塞尔协议的规定违约风险暴露不能小于当前风险暴露，故 EAD 通常指当前的风险暴露。循环授信的情况下，违约风险暴露考虑表内敞口的同时还要考虑表外敞口。EAD 通常转化为表内敞口和 CCF 表外敞口（CCF ≥ 0）之和。CCF 称为信用风险转换系数，EAD 通过估算 CCF 而获取。另外，违约风险暴露不仅包含客户的贷款余额，还包括客户的利息、逾期罚息、费用等各项欠款。

违约损失率 (LGD) 模型预测客户发生违约后的损失比率，通常通过（1- 回收率）进行估算。在计算回收率时，不仅需要考虑客户的回款金额，同时要考虑催收的运营成本、人力成本等各项管理成本，同时还要考虑时间价值。违约损失率越高，表明客户违约后欠款金额回收的可能性越小。

$$违约损失率（LGD）= 1 - \frac{\sum_t \frac{(回收金额 - 回收成本)}{(1+折现率)^t}}{违约风险暴露}$$

根据 PD/LGD/EAD/M 可以计算资产组合的预期损失和非预期损失，进而计算经济资本。

对于预期损失（EL）：

$$EL = PD \times LGD \times EAD$$

对于非预期损失（UL），非零售风险暴露：

$$UL = \left[\left(\sqrt{\frac{1}{1-R}} \times G \times PD + \sqrt{\frac{R}{1-R}} \times G \times 0.999\right) - PD\right] \\ \times \left\{\frac{1}{1-1.5 \times b} \times [1 + (M - 2.5) \times b]\right\} \times LGD \times EAD$$

其中 b 是期限调整因子，R 是相关系数。

零售风险暴露：

$$UL = \left[\left(\sqrt{\frac{1}{1-R}} \times G \times PD + \sqrt{\frac{R}{1-R}} \times G \times 0.999\right) - PD\right] \times LGD \times EAD$$

三、原因分析

针对资产组合管理 RAROC 或者 EVA 的表现，需要进行数据分析，找出原因，并采取针对性的措施，达到优化资产组合的目的。如图 6-3 所示，可以通过抽丝剥茧的方式分析原因。

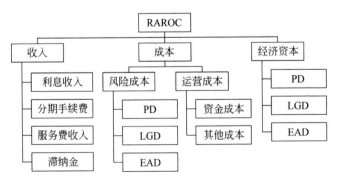

图 6-3　资产组合管理分析

例如，通过对收入、成本、风险等各方面分析，分析 RAROC 低的原因是由什么造成的？是由于收入低，还是运营成本高，抑或还是风险成本高？风险成本高是由于客户违约的概率高，还是回收率低，又或者是违约风险暴露高？是贷前引入客户问题，贷中客户管理问题，还是逾期客户管理的问题？利用层层递进的方式，找出资产组合较差的原因，落实到客户层面，从而采取相应的措施进行优化。

四、措施设计

通过原因分析，金融机构可以找到资产组合的"病因"，而措施设计则相当于医生对症下药。常见的措施包括通过市场促销、取现优惠（信用卡）、分期优惠（信用卡）等手段提高收入，通过提高客户准入门槛、限额控制、客户清退、调整催收策略等措施来降低风险成本和经济资本。

以信用卡产品为例，循环客户能给发卡行带来大量的利息收入，但循环客户的风险控制难度相对较高。为了平衡该类客户群的风险与收益，需要对循环客户进行细分管理，设计差异化的管理措施。例如，通过对循环客户的监测，发现循环客户可以根据其行为特征区分为习惯性循环客户和间歇性循环客户，其中习惯性循环客户会经常性、连续性地发生循环行为，而间歇性循环客户仅是偶尔发生循环。还可进一步分析习惯性循环客户和间歇性循环客户的风险特征，比如，分析结果显示习惯性循环客户虽然多次循环，但都没有发生严重的逾期行为，而间歇性循环客户则很有可能由于当前的偿付能力发生异常才出现循环，未来逾期的可能性较高。因此，在进行措施设计时，便可以培养和鼓励习惯性循环客户的用卡行为，对于间歇性循环的客户，则需要限制其循环次数，或控制授信敞口，避免产生较大损失。

又如，为了提高资产收益率，保留并培养一部分信用卡取现客户。但由于无法追踪信用卡取现后的交易行为，可能导致较高的风险。发卡行可以通过有效的产品设计方式，引导取现客户群的交易行为。比如，主动为风险可控的取现客户提供现金转账专属产品，将部分信用卡授信额度转入客户名下的同行储蓄账户，通过对储蓄账户的监测，跟踪客户的交易行为，控制现金客户的风险水平。

五、监测体系

如图6-4所示，监测体系有利于金融机构及时了解资产组合的发展趋势，对出现的问题及时了解，进行有效的原因分析，并迅速采取措施，动态地对资产组合进行管理，提升资产组合质量。同时，监测体系也可以帮助金融机构了解采取相关措施后资产组合的变化情况，如措施是否有效，问题出在哪里，应该采取什么样的改进措施。

监测体系的实现通常依赖于信息系统，提供自动化、标准化的决策支持，减少人为因素的干扰，防止操作风险的出现。监测体系的监控维度可根据金融机构需要自行设计，如体系可包含的监测维度有：

• 审批维度：进件数、通过率、平均额度、批核金额、拒绝原

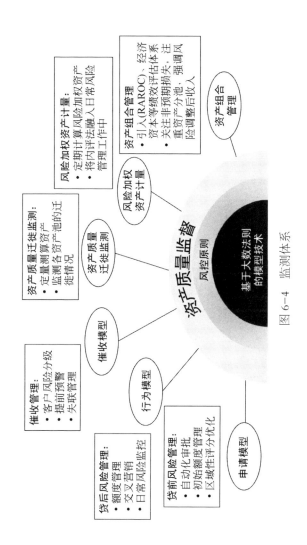

图 6-4 监测体系

因等。
- 集中度维度：客户数、客户数占比、贷款余额、贷款余额占比等。
- 风险指标维度：贷款余额、逾期金额、不良金额、逾期率、不良率、新增核销金额、核销率、新增拨备等。
- 催收维度：逾期金额、不良金额、核销金额、回收金额、不良化解率、M0金额、M1金额、M0-M1滚动率、M1-M2滚动率等。
- 运营管理维度：贷款余额、总收入、运营成本、资金成本、风险成本、经济资本、RAROC、EVA等。

第四节　客户末端管理

资产质量和客户层面风险管理是密切关联的。资产管理的策略会直接作用到客户身上，对某项资产的限制则会降低该资产项下的客户量或客户额度。而对客户的管理又会影响资产质量，客户层面策略执行效果直接体现在资产组合层面上，优化客户结构则会提高资产组合的质量，也会影响资本资源的配置。故资产组合层面的管理和客户层面管理是紧密相连不可分割的。

如图6-5所示，从客户管理来讲，全面风险管理体系依托于风险计量模型、风险政策、信息系统和监测体系，从流程上客户管理可以划分为客户引入管理、存量客户管理、逾期客户管理。

	客户引入管理	存量客户管理	逾期客户管理
模型	• 违约概率模型 • 违约损失率模型	• 违约概率模型 • 违约风险暴露	• 违约损失率模型
政策	• 《审批政策》	• 《调额管理政策》 • 《再贷客户营销政策》	• 《催收管理办法》 • 《呆账核销管理办法》
系统	• 审批系统	• 决策引擎	• 催收系统
监测	• 通过率 • 件均 • 授信额度 • ……	• 逾期率 • 不良率 • 滚动率 • 新增拨备 • ……	• 回款率 • 核销金额 • ……

图 6-5 基于客户管理的全面风险管理体系

一、客户引入管理

客户引入可以说是风险管理的第一道门槛，在客户引入阶段控制引入客户的质量，合理配置资产结构，对后续的存量客户管理和逾期客户管理有重要的意义。客户引入管理主要包含三部分内容：差异化定价策略、客户准入策略和额度管理策略。

差异化定价策略是指根据客户的成本、经济资本差异性来进行差异化定价，确保客户的风险调整后收益率能达到期望值。通过差异化定价可以保障金融机构达成目标资本收益率，对于改善客户结构有较大的帮助。

客户准入门槛主要通过违约概率模型即申请评分和资本调整后收益率进行控制。申请评分主要用来控制客户的风险，将高风险客户拒之门外，将资本资源向好的资产进行倾斜。

不同客户的风险和收益是有差异性的,差异化的额度策略主要使资源集中在风险低、收益高的客户身上。如图6-6所示,通过构造申请评分和资本收益率的额度矩阵,配置信贷资源,优化资产结构。

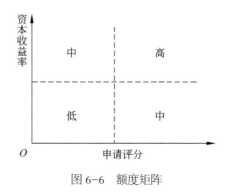

图6-6 额度矩阵

客户引入管理策略的实施依赖于申请模型、初始额度模型等计量模型,它的实施需要以审批系统为载体,并以审批政策的方式明确客户引入规范,以监测体系来监控客户的通过情况、额度授信情况、风险情况、收益情况,以便及时调整客户引入管理策略。

二、存量客户管理

存量客户管理包括再贷客户营销、额度提升、信用卡账单分期等业务。在存量客户阶段金融机构可以观测到客户更多的行为特征,信息不对称性变弱,通过客户的交易行为、还款行为对客户的风险和收益情况有进一步的了解。另外,随着时间推移,外部环境变化也会使客户的风险和资本收益情况发生改变。存量客户管理也是资本再配置的过程,对于优质客户,通过再次营销、提升额度等措施增加和客户的黏性,使资源向优质客户倾斜;而对于资质差的客户，则采取清退或限制风险敞口等措施，控制其资产规模，从而达到资本资源合理配置的目的。

存量客户管理策略主要以行为模型、行为收益模型、市场响应模型、调额响应模型进行设计，以决策引擎、贷中管理系统为载体实施策略，并监控客户的风险情况、收益情况来持续优化存量客户管理策略。

三、逾期客户管理

逾期客户管理的主要内容为逾期催收。因为受到人力、物力的限制，催收的目标是以有限的催收成本提升回款的比例。另外，逾期客户管理是差异化对待客户，利用违约损失率模型即催收评分制定更有针对性的催收策略。对于风险可控的客户采取过于严厉的催收措施，将会伤害客户与机构的关系，反之，对于风险较高的客户则需及时止损。

催收评分反映的是客户未来回款的可能性，催收评分越低，客户未来回款的可能性越低。对于催收评分高的客户，则可"放养"，不需要投入太多的人力、物力，也可保持较好的回款率；对于催收评分低的客户，未来回款的可能性很低，要及时采取强有力的措施在客户逾期前期促使其还款，将损失降到最低。

第五节　全面风险管理对互联网创新模式的启示

互联网创新模式持续发展的核心仍然是风险管理。虽然互联网金融企业目前很难用新资本协议的监管标准来进行风险管理，但全面风险管理作为先进的风险管理技术,对于互联网创新企业还是具有重要的参考意义。

一、全面风险管理的理念

信用风险是风险管理中面临的主要问题,也是金融创新模式应注意的问题,建立完善的信用风险管理体系对于金融创新模式的持续健康发展具有决定性作用。从 2012 年起中国 P2P 行业出现爆炸性增长,2014 年国内 P2P 企业超过 1 500 家,但是大部分企业的风险管理水平有待提高。在接下来的行业洗牌中大部分企业前途未卜,而具备一定风险管理水平的企业才具有向前发展的基本条件。在企业关注信用风险的同时,不能忽视市场风险和操作风险,尤其是操作风险,它是新兴行业面临的主要问题之一。曾经有媒体报道,有多家 P2P 平台受到黑客入侵导致平台瘫痪,这对投资者信息和资金安全是非常大的威胁。另外,因为互联网创新模式起步时间短,系统、管理、征信等方面都不是特别完善,因此而造成的系统错误、内部欺诈、外部欺诈等操作风险非常普遍,对企业的发展也产生了很大的影响。因此,企业在加强信用风险管理的同时,也应加强操作风险管理,进而过渡到全面风险管理。

二、经济资本约束为风险管理核心

金融是有经营风险且盈利的行业,预期损失和非预期损失是金融机构核心考量的要素,而互联网创新模式也难以脱离该范畴。例如,P2P 行业虽然是以信息中介的形式撮合投资者和借款人,但目前大部分平台都通过风险金垫付或者第三方担保等形式来保证投资者的利益。在已经倒闭的 P2P 平台中不乏因为出现大规模的坏账损失，导致平台资本难以覆盖损失。因此，经济资本为约束的风险管理理念对于提示 P2P 平台风险、防止盲目扩张同样适用。

另外，预期损失作为风险成本的理念应引起互联网金融机构的重视，在测算收益时机构往往没有将预期损失作为成本的理念，仅考虑资金成本、人力成本、营业税等运营成本，而忽略掉风险成本。借款人的高利率会让人有收益率非常高的错觉。但相对而言，风险成本是经营成本非常重要的组成部分，将风险成本考虑在内，是正确衡量收益率的方法。

三、计量模型为风险管理基础

目前多种创新模式旨在解决个人及小微企业融资难的问题。大部分模式采用的都是纯信用无担保的模式，在作业模式上也追求高效率，以上因素决定了风险管理需依赖于风险计量模型。风险计量模型综合考虑客户各方面资质，是对客户风险全面客观的评价，适用系统自动化快速审批，大大提高贷款审批的效率。

但计量模型的开发对数据的依赖性很高。新资本协议中要求开发违约概率模型、违约风险暴露模型至少有 5 年的历史数据，而开发违约损失率模型要有 7 年的数据；同时，要求数据具有一致性、完备性和准确性，对数据质量的要求非常高。新兴互联网行业面临的主要问题就是数据量不足和数据质量差的问题，由此大大增加了开发计量模型的难度。因此，虽然业务模式是新的，但风险管理模式还在不同程度上依赖定性管理和专家经验。未来该类行业的风险管理模式必然会转向定性与定量相结合的模式，因此在未来的发展过程中，企业应注重数据的积累和数据质量的控制，同时注重数据挖掘人才的培养。另外，大数据的兴起也会为定量风险管理提供一定的契机。

四、精益化提高风险管理效益

17世纪末，在普鲁士王宫，莱布尼茨称"凡物莫不相异"，即"世界上没有完全相同的两片叶子"。金融机构面向的客户也是有非常大的差异的，如风险差异、收益差异、兴趣爱好差异、营销响应差异、催收响应差异等。因此，金融机构制定市场策略、风险策略、催收策略都要有相应的差异性。传统的粗放式客户管理对客户采取相同的管理策略，导致管理失效，管理成本较高。精益化的客户管理策略基于计量模型，评估客户市场响应、风险、回款等的差异性，不仅解决客户融资问题，而且将客户的体验考量在内，同时也提升了客户满意度，提高了客户管理的效率。另外，对于以创新业务模式进入金融行业的机构来讲，为获取与银行等综合性金融机构不同的竞争优势，更需要通过精益化管理锁定细分市场、创造局部竞争优势。